Fuling Shixian Gaozhiliang
Fazhan De Duice Yanjiu

# 涪陵实现高质量发展的对策研究

王载铭　颜晓梅　倪春华　著

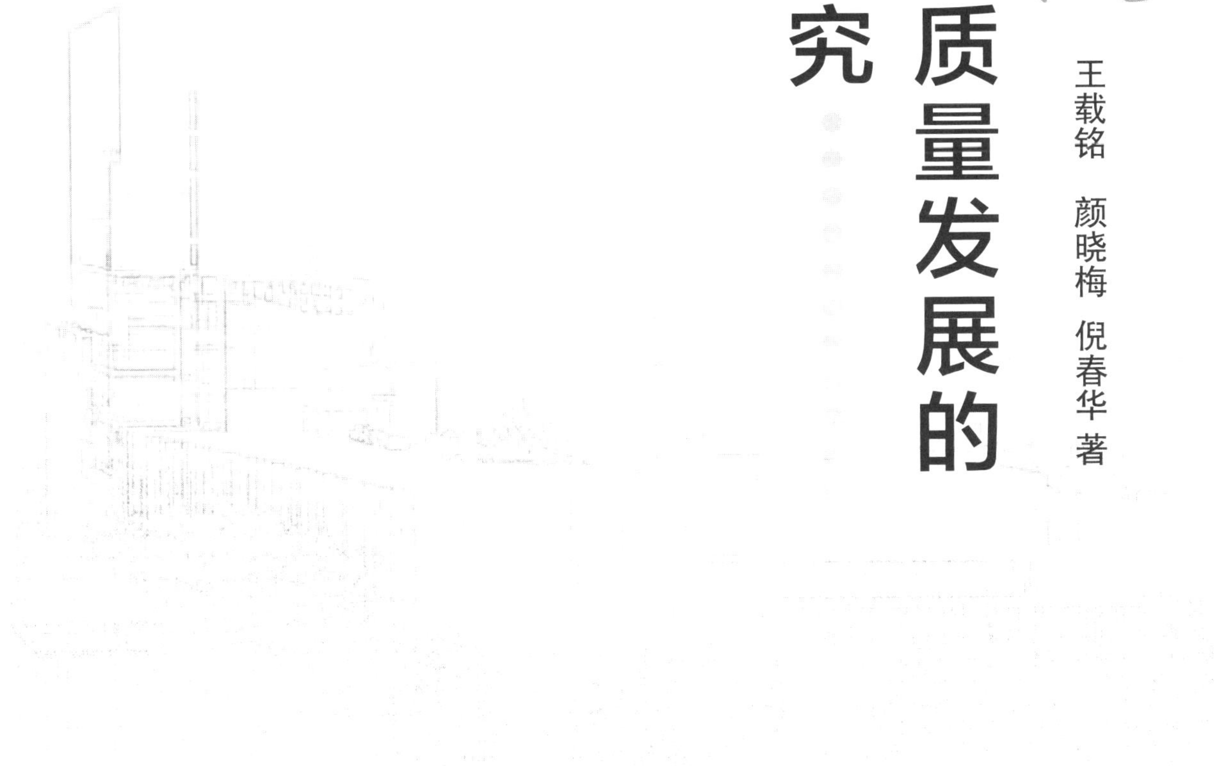

中国经济出版社
CHINA ECONOMIC PUBLISHING HOUSE
北京

**图书在版编目（CIP）数据**

涪陵实现高质量发展的对策研究/王载铭，颜晓梅，倪春华著.
—北京：中国经济出版社，2019.9
ISBN 978-7-5136-5866-9

Ⅰ.①涪… Ⅱ.①王…②颜…③倪… Ⅲ.①区域经济
发展—研究—涪陵区 Ⅳ.①F127.719.3

**中国版本图书馆 CIP 数据核字（2019）第 188656 号**

责任编辑 姜 静 陈 端
责任印制 马小宾
封面设计 华子图文

**出版发行** 中国经济出版社
**印 刷 者** 北京柏力行彩印有限公司
**经 销 者** 各地新华书店
**开　　本** 710mm×1000mm 1/16
**印　　张** 10
**字　　数** 124 千字
**版　　次** 2019 年 9 月第 1 版
**印　　次** 2019 年 9 月第 1 次
**定　　价** 39.00 元
**广告经营许可证** 京西工商广字第 8179 号

**中国经济出版社** **网址** www.economyph.com **社址** 北京市东城区安定门外大街 58 号 **邮编** 100011
本版图书如存在印装质量问题，请与本社销售中心联系调换（联系电话：010-57512564）

# 课题组成员

| | | | | |
|---|---|---|---|---|
| 顾　问 | 周　波 | 喻显镔 | 杜海波 | 夏　艺 |
| 主　任 | 王载铭 | 颜晓梅 | 倪春华 | |
| 副主任 | 刘　强 | 罗志凌 | 杜承武 | 陈　力 |
| | 杨　雄 | | | |
| 成　员 | 汪永忠 | 冉　英 | 李外禾 | 贾　波 |
| | 樊　鑫 | 刘世强 | 向思洁 | 卢　琳 |
| | 聂永放 | 黄　莺 | 赵晓明 | 蒋　勇 |
| | 梁晓宇 | 王为民 | 吴　刚 | 田宇红 |

# 前 言

党的十九大报告指出，我国经济已经由高速增长阶段转向高质量发展阶段。高质量发展是能够很好满足人民日益增长的美好生活需要的发展，是体现新发展理念的发展，是创新成为第一动力、协调成为内生特点、绿色成为普遍形态、开放成为必由之路、共享成为根本目的的发展。推动高质量发展，是保持经济持续健康发展的必然要求，是适应我国社会主要矛盾变化和全面建成小康社会、全面建设社会主义现代化国家的必然要求，是遵循经济规律发展的必然要求。

“时代是思想之母，实践是理论之源。”党的十九大庄严宣告：“经过长期努力，中国特色社会主义进入了新时代，这是我国发展新的历史方位。”高质量发展理论内涵的丰富发展，正是源于中国特色社会主义新时代以及新时代经济社会发展的实践。

习近平总书记在党的十九大报告中指出：“进入新时代，我国社会主要矛盾已经转化为人民日益增长的美好生活需要和不平衡不充分的发展之间的矛盾。”改革开放40年来，我国已经成为世界第二大经济体，人民生活水平从贫困走向温饱、走向基本小康，即将实现全面小康。人民对物质生活和文化生活的要求越来越高，而且在民主、法治、公平、正义、安全、环境等方面也提出了日益增长的多样化需求。

40 年来，我国社会生产力虽然获得了长足增长，但还有许多领域的发展不平衡不充分：一是创新能力不够强；二是实体经济水平有待提高；三是生态环境保护任重道远；四是民生领域还有不少短板；五是城乡区域发展仍不协调；六是精神文明水平尚需提高。这些发展不平衡不充分的问题也是多样化的，如不加以解决，将直接影响经济社会发展的整体质量和效益，进而将导致人民群众多样化的美好生活需要难以满足。

因此，新时代我国社会主要矛盾的变化，以及解决社会主要矛盾的基本路径，决定了我们一定要以经济高质量发展为重点，大力发展实体经济，增加有效供给，满足人民群众更为丰富的物质需求。同时，也必须坚持问题导向，着眼于补齐政治、文化、社会、生态等领域诸多发展不平衡不充分的短板，将经济发展高质量、改革水平高质量、生态文明高质量、民生保障高质量作为贯彻习近平新时代中国特色社会主义思想和党的十九大精神的战略性、导向性目标。

为了深入贯彻落实中央推动高质量发展的要求，切实把全区党员干部的思想和行动统一到中央的决策部署上来，把智慧和力量凝聚到推动涪陵高质量发展的实践上来，中共重庆市涪陵区委党校组织部分理论工作者编写了《涪陵实现高质量发展的对策研究》一书。

本书紧紧围绕中央关于推动高质量发展的战略精神，结合涪陵区经济社会发展实际，从涪陵实现高质量发展的重要性、涪陵实现高质量发展的基础与条件、涪陵实现高质量发展的问题与挑战、涪陵实现高质量发展的思路与措施等方面，对涪陵如何实现高质量发展进行深入阐释。

全书深入浅出、通俗易懂，具有较强的理论性、针对性和可操作性，有利于涪陵区广大党员干部学习掌握中央推动高质量发展的精神实质，进一步增强贯彻落实中央决策部署的自觉性，以及推动涪陵高质量发展实践的主动性和创造性。

作者

2019年5月

# 目 录

# 第一章　导　论

党的十九大报告做出“我国经济已由高速增长阶段转向高质量发展阶段”的重大判断；2018 年中央经济工作会议指出，“推动高质量发展是当前和今后一个时期确定发展思路、制定经济政策、实施宏观调控的根本要求”。在贯彻落实中央精神的过程中，涪陵明确提出要实现高质量发展的目标。那么，地处西部内陆欠发达地区的涪陵，是否具备实现高质量发展的基础和条件？又面临哪些问题与挑战？如何实现高质量发展？这些问题值得深究。

## 一、涪陵实现高质量发展的重要性和必然性

### （一）高质量发展的内涵与特征

对于高质量发展的内涵与特征的理性界定，可通过对国内外有关高质量发展的研究成果进行梳理、概括、提炼得出。

1. 高质量发展的内涵

有关高质量发展的问题实质是经济增长的问题，即以高质量发展方式实现经济增长。而对于经济增长的研究，一直以来都是世界各国关注的热点，最早可以追溯到经济学鼻祖亚当·斯密时期。他在《国民财富的性质及原因的研究》（1776 年）中指出，促进经济增长有两种途径：一是增加生产性劳动的数量；二是提高劳动的效

率。二者之中，斯密更强调劳动效率对增长的促进作用（即经济增长质量）。对于如何促进劳动效率的提高，他认为主要取决于分工程度和资本积累的数量，即分工程度越高、资本积累数量越多，越促进经济增长。在斯密的基础上，新古典经济增长理论又进一步进行了拓展，其代表人物索洛、斯旺、米德等指出，从长远来看，经济增长的决定因素是技术进步，而不是资本积累和劳动力的增加。而新增长理论经济学家阿罗、罗默、斯诺等，在更大范围内研究了经济增长的源泉和机制，强调知识、人力资本、制度、市场等因素在促进经济增长中的作用。随着经济的不断发展，在西方现代经济研究中，经济增长不再仅仅被看作是经济总量的扩张，而被看作是一种综合性的社会现象，即经济增长除了反映在经济总量的增长上，还包括产业结构的优化、经济效益的提高、资源的合理使用以及环境和污染的治理等综合问题，最为著名的就是罗马俱乐部的“增长极限论”。这与我国当前正在推进的经济高质量发展的实践不谋而合，也为我国经济高质量发展实践的开展提供了强有力的理论支撑。

自党的十九大做出“我国经济已由高速增长阶段转向高质量发展阶段”这一判断后，“高质量发展”一跃成为高频词汇，成为各界研讨的焦点。对于高质量发展的内涵讨论内容最为丰富、具有代表性的有王一鸣、刘伟的“三维论”。国务院发展研究中心副主任王一鸣认为，所谓高质量发展，从微观层面来看，通常指产品和服务的质量；从中观层面来看，指产业和区域发展质量；从宏观层面来看，主要指国民经济的整体质量和效益。经济学家刘伟认为，对于中国经济的高质量发展，微观基础是经济增长和经济发展一定要建立在生产要素、生产力、全要素效率的提高之上，而不是靠要素投入量的扩大；中观上，是结构升级、效率变化后带来的一个直接结果，带动整个国民经济结构升级，包括产业结构、市场结构、区域结构，资源配置的结构效益是把该用的资源配置到最需要的领域、部门、地区去；在结构效益的基础上，到宏观层面，就是整个经济增长是一种均衡发展。

那么，何为高质量发展？综合现有学者的观点，普遍认为：所谓高质量发展，就是能够很好满足人民日益增长的美好生活需要的发展，是体现创新、协调、绿色、开放、共享发展理念的发展。

2. 高质量发展的特征

基于高质量发展就是能够很好满足人民日益增长的美好生活需要的发展，是体现创新、协调、绿色、开放、共享发展理念的发展这一理性认识，对于高质量发展的特征，可概括为：一是理念新。在发展理念上，体现创新、协调、绿色、开放、共享发展理念。二是目标新。在发展目标上，主要是满足人民日益增长的美好生活需要。三是方式新。在发展方式上，具有生产要素投入少、资源配置效率高、资源环境成本低、经济社会效益好的特征。

### （二）涪陵实现高质量发展的重要性和必然性

涪陵经济发展由高速增长阶段向高质量发展阶段转变，是涪陵保持经济持续健康发展的必然选择，也是适应我国社会主要矛盾变化和全面建成小康社会、全面建设社会主义现代化国家的必然要求，更是建设山清水秀美丽涪陵、幸福涪陵的必由之路。

1. 涪陵保持经济持续健康发展的必然选择

改革开放以来，涪陵与全国其他地方一样，利用劳动力、土地、环境的低成本吸引了大量国内外资本来涪建厂兴业。经过 40 年的经济快速增长，涪陵与国内其他地区一样面临着一系列发展的瓶颈和难题：土地空间、能源资源、人口承载、生态环境等约束日益增强，经济增长与生产要素供给紧张的矛盾日趋尖锐，传统的“高投入、高消耗、低产出、低效益”粗放型经济增长方式难以为继。如何改变经济增长对资源和要素投入的过度依赖，从而实现经济增长方式由“粗放型”向“集约型”转变，是涪陵当前转变经济发展方式迫切需要解决的主要矛盾。实现经济高质量发展，可以有效缓解资源、环境带来的压力，为涪陵实现经济持续健康发展创造条件。高质量发展，通过生产要素投入少、资源配置效率高、资源环境成本低、经济社会效益好这种现代化组织生产方式，可以有效地实现资源利用和环境保护的有机结合，促进经济社会的可持续发展。因此，实现高质量发展，是涪陵保持经济持续健康发展的必然选择。

2. 适应我国社会主要矛盾变化和全面建成小康社会、全面建设社会主义现代化国家的必然要求

在全面建成小康社会进入决胜阶段，奋力开启全面建设社会主义现代化国家新征程之际，2017 年 10 月召开的党的十九大对我国社会主要矛盾做出了新的研判，指出我国社会主要矛盾已经由人民日益增长的物质文化需要同落后的社会生产之间的矛盾，转化为人民日益增长的美好生活需要和不平衡不充分的发展之间的矛盾。这个矛盾在经济发展方面集中表现为：社会总供给不能适应社会总需求的变化。一方面是不少产能的严重过剩，另一方面是人民的高品质生活消费需求得不到有效的满足。这是我国发展不平衡不充分的集中体现，也是我国发展质量不高的集中体现，解决这一社会主要矛盾，必须推动经济高质量发展。而实现全面建成小康社会、全面建设社会主义现代化国家这“两个一百年”奋斗目标，需使物质文明、政治文明、精神文明、社会文明、生态文明等得到全面提升，这些都需要高质量发展夯实。因此，实现高质量发展，是涪陵适应我国社会主要矛盾变化和全面建成小康社会、全面建设社会主义现代化国家的必然要求。

3. 建设山清水秀美丽涪陵、幸福涪陵的必由之路

在推动高质量发展的过程中，涪陵区提出建设山清水秀美丽涪陵、幸福涪陵，这是涪陵有效贯彻五大发展理念的集中体现，也是涪陵推动高质量发展的集中体现。西方国家推进工业化时期走过的“先污染、后治理”的传统发展道路，一直以来都给我国经济发展以极大的警示。改革开放40年来，我国经济的高速发展带来的环境污染严重和生态系统退化问题，也引起了我们的深刻反思。发展应是人与自然的和谐发展，应是经济发展与环境共生的绿色发展，因此，必须推动绿色发展，改变这种牺牲环境的旧的发展方式。为此，涪陵提出建设山清水秀美丽涪陵的发展路径。另外，共享是发展的根本目的，也是充分调动绝大多数人积极性、主动性、创造性，形成推动发展强大动力的必要条件。为此，涪陵提出建设幸福涪陵的发展目标。而不断满足人民群众日益增长的物质文明、政治文明、精神文明、社会文明、生态文明的美好生活需要，从而实现全体人民更加公平地共享发展成果，最终需要高质量发展保障。因此，实现高质量发展，是建设山清水秀美丽涪陵、幸福涪陵的必由之路。

## 二、涪陵实现高质量发展的基础与条件

党的十八大以来，面对复杂多变的国内外形势，涪陵区委、区政府带领全区人民全面贯彻中央和全市各项决策部署，坚持稳中求进工作总基调，统筹推进“五位一体”总体布局，协调推进“四个全面”战略布局，扎实做好稳增长、促改革、调结构、惠民生、防风险各项工作，取得了经济建设的巨大成就，为涪陵实现高质量发展打下了坚实基础。

## （一）宏观经济运行稳中有进

### 1. 经济继续保持高速增长

作为地处西部内陆的欠发达地区，由于后发优势和比较优势，涪陵的地方经济继续保持了高速的增长态势。2012—2017 年，涪陵实现地区生产总值年均增长 12.2%（见图 1－1），高于同期全市 11.3% 和全国 7.1% 的平均增长水平。2017 年，涪陵实现地区国内生产总值 992 亿元，按不变价计算为 2012 年的 1.57 倍。

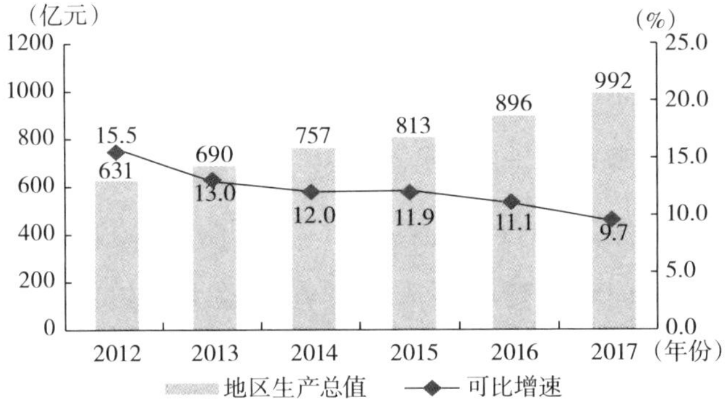


**图 1－1　2012—2017 年涪陵地区生产总值及其增长速度**

数据来源：涪陵区统计局。

### 2. 社会就业形势保持稳定

2012—2017 年，面对城镇新增就业人数不断增加，涪陵区实现就业保持了稳定增长态势（2012 年为 72.5 万人、2013 年为 74.5 万人、2014 年为 76.3 万人、2015 年为 76.5 万人、2016 年为 76.9 万人、2017 年为 77.6 万人），连续六年实现就业 72 万人以上，并且每年保持就业人数增加 1 万人以上。六年来城镇调查失业率平均为 2.3%，基本稳定在 3% 之内。积极的就业政策不断显效，成为经济运行中的突出亮点。

3. 物价水平保持基本平稳

2012—2017 年，涪陵区居民消费价格分别上涨 2.6%、2.8%、1.9%、1.7%、2.0%、1.6%，年均上涨 2.1%，价格涨势温和。在经济保持年均 12.2% 的高速增长情况下，还能维持物价平稳，这样的运行格局难能可贵。

## （二）结构调整不断优化升级

1. 从三大产业结构优化的情况来看

首先，第一产业的比重不断下降，增加值占地区生产总值的比重由 2012 年的 6.7%，下降到 2017 年的 6.1%，下降了 0.7 个百分点；其次，第二产业的比重也在逐步下降，增加值占地区生产总值的比重由 2012 年的 61.3%，下降到 2017 年的 61.0%，下降了 0.3 个百分点；最后，第三产业的比重不断上升，增加值占地区国内生产总值的比重由 2012 年的 32.0%，上升到 2017 年的 32.9%，上升了 0.9 个百分点。

2. 从三大产业内部结构优化的情况来看

首先，第一产业内部调整的突出成效是优质高效的农产品比重上升。以种植业为例，2017 年，涪陵区全年粮食总产量达到 45.3 万吨，比 2012 年增加了 43.8 万吨，增长 3.4%，在播种面积几乎持平的情况下，凸显优质高效的农产品比重的上升。其次，第二产业内部调整的突出成效是高新技术产业以及高附加值产业的比重在上升。以 2017 年为例，全年规模以上工业战略性新兴产业增加值比上年增长 14.0%，高技术产业增加值增长 14.4%，均高于同期工业增加值 11.4% 和经济 9.7% 的增长水平。最后，从第三产业内部来看，得益于“调结构”，第三产业中的生产性服务业实现了快速增长。以交通运输、仓储和邮政业为例，2017 年全年实现增加值 76.84 亿元，增长10%，是2012年46.92亿元的1.64倍，高于地区经济增长速度，占全区GDP总量的7.7%，比2012年提高了0.3个百分点。

## （三）新旧动力转换有序展开

1. 消费拉动经济增长的作用不断增强

在扩大内需政策措施作用下，居民消费潜力有序释放，消费升级势能持续增强，消费的基础性作用不断发挥，拉动经济增长的作用不断增强。2012—2017年，涪陵区消费支出对经济增长的年均贡献率分别为24.4%、26.1%、27.2%、28.3%、29.0%、29.7%，呈现逐年增长态势。在拉动经济增长的"三驾马车"中，消费拉动经济增长的作用不断增强，体现了经济增长动力的不断优化。

2. 创新引领发展作用不断增强

新旧动力能否顺利转换，取决于新要素的培育、新产业的崛起、新模式的创造和新市场的开辟，归根结底取决于创新。党的十八大以来，中央把创新摆在国家发展全局的核心位置，不断深化科技体制改革，奋力推进"大众创业、万众创新"，大力实施"互联网+"和"中国制造2025"。在国家实施创新驱动发展战略的推动下，涪陵创新对经济社会发展的支撑和引领作用不断增强，全区创业创新热潮涌动。2017年涪陵区全员劳动生产率达到127866元/人，比2012年提高47%，年均提高7.83%，高于全市和全国同期水平。2017年新发展微型企业891户，年末微型企业达14186户，比2012年增加了9780户，年均增加1630户。

## （四）改革开放推进不断深化

1. 以重点改革专项为突破，着力破除体制机制障碍

国企改革纵深推进，相继出台薪酬考核、投资管理、监事会管

理等分类监管办法，引入长江电力增资重组能源集团，整合优势资源打造“千亿国投”，国有企业经营性资产集中监管加速扫尾，市属国有企业办社会职能全面剥离。供给侧结构性改革持续推进，淘汰出清空壳市场主体 8285 个，商品房库存面积减少 17.4 万平方米，多措并举为企业减负 11.8 亿元，守住了不发生系统性、区域性风险底线。新一轮乡镇财政体制改革顺利完成。农村承包地“三权分置”、涉农项目财政补助资金股权化等改革加快推进。

2. 开放水平有效提升

成功创建国家级出口食品农产品（榨菜）质量安全示范区，关检合作“三个一”快速通关模式全面实行。新增进出口企业 50 户，出口市场拓展至 65 个国家和地区，外贸进出口实现恢复性增长，截至 2017 年末，总额达到 46 亿元。招商引资体制机制不断完善，截至 2017 年末，新引进投资亿元以上项目 47 个、产值 50 亿元以上项目 5 个，全年实际利用内外资 320 亿元。

### （五）人民生活水平稳步提高

1. 居民收入保持较快增长

2017 年，涪陵区居民人均可支配收入 26715 元，比 2012 年增加 10145 元，年均增长 10.2%。按常住地分，城镇居民人均可支配收入 33709 元，比 2012 年增加 11218 元，年均增长 8.3%；农村居民人均可支配收入 13466 元，比 2012 年增加 5524 元，年均增长 11.6%。农村居民收入增速连续 6 年高于城镇居民，城乡居民收入差距持续缩小。2017 年，城乡居民人均可支配收入倍差为 2.50，比 2012 年下降 0.33。

2. 居民生活质量不断提升

2017 年，涪陵区居民人均消费支出 21683 元，比 2012 年增加 9636

元，年均名义增长13.3%。消费结构升级步伐加快，发展享受型消费占比明显上升。2017年，涪陵区城乡居民恩格尔系数为35.3%，比2012年下降4.6个百分点，接近联合国划分的30%～40%的富裕标准。人民群众生活质量不断提升，获得感、幸福感持续增强。

### （六）绿色发展全面扎实推进

党的十八大以来，涪陵区坚持“绿水青山就是金山银山”的发展理念，全面扎实推进生态建设和绿色发展，努力营造山清水秀的自然生态环境。一是按照“共抓大保护、不搞大开发”的要求，全面落实“河长制”“湖长制”，积极推进植树造林、退耕还林，以铁的手腕做好治水、治气、治土、治渣各项环境治理工作，加大生态系统保护和修复力度。二是坚持生态优先、绿色发展，念好“山字经”，种好“摇钱树”，做好“水文章”，用好特色牌，推进生态产业化、产业生态化，推动传统产业转型升级，因地制宜发展技术含量高、就业容量大、环境质量高的绿色产业。三是坚持节约优先、保护优先、自然恢复为主的方针，形成节约资源和保护环境的空间格局、产业结构、生产方式、生活方式，为生态“留白”、给自然“种绿”，大力推进乡村振兴，促进城市提升，实现山水、田园、城镇、乡村各美其美、美美与共。2017年，全区规模以上工业企业万元产值能源消耗量为0.30吨标准煤，同比2016年下降10.5%；全年城区环境空气质量满足优良天数311天，同比2016年增加了45天，优良率达85%；长江、乌江水质保持在Ⅲ类水域水质标准以上；农村人居环境进一步改善，实现前端生活垃圾收运系统行政村全覆盖，建成全国美丽宜居示范村7个，绿色发展效果逐步显现。

## 三、涪陵实现高质量发展的问题与挑战

涪陵在经济增长、结构调整、动力转换、改革推进、民生改善、绿

色发展等方面取得的长足进步，客观上为涪陵实现高质量发展奠定了良好的基础。但对照高质量发展要求，理性审视涪陵发展实际，客观上还面临着诸多困难和问题，尤其是一些深层次的矛盾和问题值得关注。

### （一）经济发展质量总体不高

经济发展质量总体不高突出表现在涪陵人均 GDP 数量与质量的矛盾。2017 年，涪陵地区经济实现了 9.7% 的高速增长，比全国平均水平高出 2.8%，实现人均 GDP 85968 元，比全国人均 GDP59660 元多 26308 元，多出 44.1%。然而凸显的矛盾是，涪陵经济高速增长的成果未能很好地转化为城乡居民"摸得着的实惠"。与同期全国平均水平比较，2017 年涪陵城镇居民人均可支配收入 33709 元，比同期全国平均水平 36396 元少 2687 元，少了 7.4%；尽管 2017 年涪陵农村居民人均纯收入比同期全国平均水平 13432 元多 34 元，但仅仅只多了 0.25%。涪陵经济发展中存在着人均 GDP 数量偏高而质量不高的矛盾，凸显的是经济发展质量总体不高这一基本问题。如何让经济发展成果更多更好地转化为城乡居民收入水平的提高，是涪陵实现高质量发展需要解决的深层次问题。

### （二）产业结构矛盾较为突出

2017 年，涪陵地区生产总值 992.24 亿元，其中，第一产业增加值 60.45 亿元，占总产值的 6.1%；第二产业增加值 604.82 亿元，占总产值的 61.0%；第三产业增加值 326.97 亿元，占总产值的 32.9%，三次产业结构比为 6.1∶61.0∶32.9。而同期（2017 年），国内生产总值为 827122 亿元，其中，第一产业增加值 65468 亿元，占总产值的 7.9%；第二产业增加值 334623 亿元，占总产值的 40.5%；第三产业增加值 427032 亿元，占总产值的 51.6%，三次产业结构比为 7.9∶40.5∶51.6。可见，与全国"三二一"产业结构相比较，涪陵的经济发展仍以第二产业为主，产业结构类型属于“二三一”型，这种产业结构类型凸显的是涪陵经济发展水平不高。如何大幅度提升第三产业的比重，进一步优化产业结构，从而促进经济转型升级，是涪陵实现高质量发展迫切需要解决的重要问题。

### （三）新旧动力转换仍显滞后

2012—2017 年，涪陵区消费支出对经济增长的年均贡献率分别为 24.4%、26.1%、27.2%、28.3%、29.0%、29.7%；而同期全国消费支出对经济增长的年均贡献率分别为 51.8%、55.3%、48.8%、59.7%、64.6%、58.8%。对比全国，涪陵区消费支出对经济增长的年均贡献率分别低 27.4%、29.2%、21.6%、21.4%、35.6%、28.1%，二者之间的差距平均每年达 20% 以上（见图 1－2）。在全国消费已经成为拉动经济增长第一动力的背景下，涪陵区消费拉动经济增长动力的作用尽管在逐年增强，但仍落后于投资对经济增长的贡献，表明涪陵区经济发展仍然没有由“投资拉动型”向“消费驱动型”过渡，新旧动力尚未实现有效转换。如何进一步提高消费对经济增长的贡献率，从而实现动力变革，是涪陵实现高质量发展所面临的突出问题。

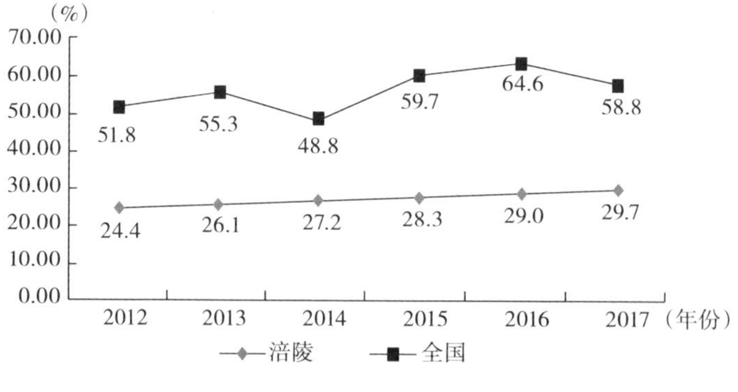


**图 1－2　2012—2017 年涪陵与全国消费支出对经济增长的年均贡献**

数据来源：国家统计局、涪陵区统计局。

### （四）经济开放度总体水平不高

由于地处西部内陆，不靠海、不靠边，长期以来，在经济发展中，涪陵主要依靠自身要素内循环，以及与周边省份要素的交流来推动经济发展，发展模式更多呈现的是内生性、封闭性，经济开放度总体不高。2012—2017 年，涪陵区进出口贸易总额分别为 12.97 亿美元、12.10 亿美元、11.92 亿美元、12.50 亿美元、6.94 亿美元、6.95 亿美元，分别占地区生产总值的 12.99%、10.69%、9.63%、9.98%、5.14%、4.72%。进出口贸易总额对地区经济发展的贡献比重总体偏低，充分表明涪陵经济开放度总体水平不高。如何进一步提升开放型经济发展水平，培育新的增长动力，是涪陵实现高质量发展需要破解的突出难题。

### （五）居民生活质量总体不高

从衡量居民生活质量重要指标的恩格尔系数来看，2017 年，涪陵区城乡居民恩格尔系数为 35.3%，其中，城镇居民恩格尔系数为 33.9%，农村居民恩格尔系数为 38.3%；同期全国城乡居民恩格尔系数为 29.3%，其中，城镇居民恩格尔系数为 28.6%，农村居民恩格尔系数 31.2%（见表 1－1）。涪陵区城乡居民恩格尔系数比全国平均水平高 6%，其中，城镇居民恩格尔系数高 5.3%，农村居民恩格尔系数高 7.1%。全国居民生活质量已经进入“富足阶段”，而涪陵区居民生活质量还停留在“相对富裕阶段”。总体来看，涪陵区居民生活质量不高，对比全国还需要进一步提升。如何在努力推动高质量发展过程中创造高质量的生活，这也是涪陵实现高质量发展需要破解的难题。

表 1-1　2017 年涪陵区恩格尔系数与全国的比较

| 类　别 | 城乡居民恩格尔系数 | 城镇居民恩格尔系数 | 农村居民恩格尔系数 |
| --- | --- | --- | --- |
| 全　国 | 29.3% | 28.6% | 31.2% |
| 涪　陵 | 35.3% | 33.9% | 38.3% |

数据来源：国家统计局、涪陵区统计局。

### （六）生态建设和环保任务重

随着绿色发展的倡导与实施，环保要求将越来越高。2015 年 1 月 1 日实施的新《环保法》划定了国家生态红线，实行了最严格的环保制度。长江流域不仅要为国家南水北调提供水源供给，上游地区还要为三峡库区的环保让步，长江经济带沿线各地发展面临的环保压力更加严峻。涪陵地处长江、乌江交汇处，三峡库区腹地，涪陵工业园区（含李渡、龙桥、清溪三个片区）和白涛化工园区均紧临长江、乌江，安全环保压力十分巨大，一方面，要大力发展工业，另一方面，在环保设施投入不足、不能满足工业园区发展需求的现实状况下，要保证境内干流水质不低于上游来水水质，环保压力逐年递增。

## 四、涪陵实现高质量发展的思路与对策

基于涪陵现有的基础和条件，以及客观存在的问题与挑战，涪陵要实现高质量发展，应立足于遵循“五大发展理念”，通过致力构建“5+5”高质量发展体系，来实现高质量发展。

### （一）建设“活力涪陵”，构建创新发展体系

创新是实现高质量发展的动力之源，同时也是活力之源。涪陵要以建设“活力涪陵”为载体，构建“124”创新发展体系，“1”是指“一个主体”，即牢牢把握住企业是创新主体。“2”是指“两

个层面”，即突出发展新兴产业，培育创新产业体系；突出创新平台建设，培育创新平台体系。“4”是指“四个配套”，即从知识产权保护、创新人才培育、创新资金支持和创新文化建设四方面配套政策措施，推动高质量发展。

1. 以企业创新发展能力建设为抓手，加速科技创新资源向企业集中

一要充分发挥企业的主体作用。政府通过创新发展基金，积极引导企业加大科技投入，尤其是研发投入，不断开发新技术、新产品、新工艺、新材料。二要鼓励有条件的大型企业独立或联合高校、科研院所、科研机构组建研发机构，从事核心技术、关键技术和公共技术的研究。支持中小企业采用联合出资、共同委托等方式进行合作研究开发。三要充分发挥民营企业机制灵活、市场生存力强的优势，激发民营企业创新热情，支持民营企业与高校、科研院所合作建立各种形式的科研生产联合体，使之成为自主创新的重要力量。

2. 以培育创新产业体系为抓手，突出发展新兴产业

一是改造提升传统优势产业，即化工化纤、装备制造、材料、医药、食品、能源等六大传统产业。二是突出发展新兴产业，即页岩气、新一代信息技术、MDI下游及化工新材料、新能源汽车及智能汽车、生物医药及生命健康、节能环保等六大新兴产业。三是大力发展现代服务业，如信息咨询、商务服务、金融保险、规划设计、文化创意、职业培训、现代物流、中介服务、社区服务等。

3. 以培育创新平台体系为抓手，突出创新平台建设

一是打造科技创新平台。依托页岩气公司、太极集团、华晨鑫源、榨菜集团、华峰化工、万达薄板、伟柯斯等龙头企业打造7个旗舰型的科技研发平台，推动重庆页岩气产业技术创新研究院建设，

力争重庆中医药产业创新（研发）平台成为重庆市新型高端研发机构。二是打造涪陵区科技创新中心。以涪陵新城区为载体，依托金渠科技企业孵化器等平台，构建技术研发云平台、科技服务云平台和产业孵化云平台三大板块，辅以人才公寓和标准化厂房配套，引进入驻技术研发机构、科技服务机构、入孵企业，建设涪陵区科技创新中心。

4. *以健全创新制度体系为抓手，完善政策措施配套*

一是加大知识产权保护力度。开展知识产权“入园进企”行动，引导重点产业、企业开展专利分析和技术导航，推进知识产权价值评估、质押贷款、担保融资、转让入股等运营机制建设，同时依法严厉打击侵犯知识产权行为。二是加大创新人才培育。制定吸引国内高校、科研机构学者、专家向企业流动的优惠政策，支持科研人员在新兴领域开展创新创业；完善人才业绩考核等评价制度，形成多层次多形式的奖励机制；鼓励高层次人才在涪陵高等院校、科研院所和企业之间交叉任职或兼职。三是加大创新资金支持。有效发挥“有形之手”与“无形之手”作用，围绕涪陵区高新技术产业发展重点，通过财政投入引导社会资本向高新技术产业的重点领域、重点企业和重点项目投资。四是加大创新文化建设。坚持“大众创业、万众创新”方针，进一步培育“崇尚创新、宽容失败”的创新创业文化，使创新文化成为城市精神的重要内涵，让科技人员和企业家在创新中更多受益、企业在创新中更多盈利、社会在创新中更快发展。

### （二）建设“和谐涪陵”，构建协调发展体系

协调是持续健康发展的内在要求，也是高质量发展的内在要求。涪陵要以建设“和谐涪陵”为载体，通过促进城市区域、城乡区域

和经济社会协调发展等构建协调发展体系，推动高质量发展。

1. *以建设区域性中心城市为抓手，促进城市区域协调发展*

一是深入实施“西进、东扩、南改、北跨”发展战略。继续拉开涪陵城市骨架，完善城市基础设施和功能，增强涪陵作为区域性中心城市的吸引力、辐射力和承载力。二是加速建设涪陵新城区。坚持把新城区作为涪陵城市拓展、产业升级、人口聚集的主战场，高起点规划、高标准建设，努力建成承接重庆主城、辐射周边区县的区域性新区。三是改造提升江南老城区。加快江南城区减载提质进程，加快旧城（棚户区）改造，有序疏解人口，推进公园、广场、停车场等公共设施建设，全面整治背街小巷，加强城市精细化管理，提升宜居品质。四是高标准推进江东、江北片区开发。以山为屏、以水为脉，以现代化城市形态为“图”，注重产、城、景融合，精心打造滨江环湖带，努力形成两江四岸融合辉映、山水人文特色鲜明的城市形象带。

2. *以落实乡村振兴行动计划为抓手，促进城乡区域协调发展*

一是构建现代农业产业体系。加强大型农业龙头企业引进和培育，积极推广“公司＋基地＋合作社＋农户”的发展模式，着重围绕榨菜、柑橘、畜牧、蚕桑等四大主导产业，提升产业规模和产业化水平；推进农村第一、第二、第三产业深度融合，探索涪陵特色产品如榨菜、腌制萝卜、涪陵黑猪、增福土鸡、肉兔、笋用竹、油茶等生产企业的整合，推进农产品精深加工，延伸产业链条。二是打造乡村振兴人才队伍。重视本土人才的培育，培养一大批新型职业农民，使之成为推动乡村振兴的主要生力军；吸引贤才能人到农村来创新创业，让农村成为贤才能人大有作为的广阔天地。三是大力发展乡村特色文化。顺应新时代的要求，推进城乡文化融合，保护并传承好乡村文化，大力发展具有特色的乡村文化及其产业。四是持续改善乡村生产生活生态。坚持绿色生态导向，改进农业生产方式，探索农村绿色发展之路；深入开展农村人居环境综合治理，推进“资源变风景、民居变民宿”。五是强化乡村振兴组织保障。以加强农村基层党建为引领，强化农村基层党组织建设，确保实施乡村振兴的正确航向，增强振兴乡村的领导力、凝聚力、推动力、治理力。

3. 以落实基础设施建设提升行动计划为抓手，促进经济社会协调发展

一是全面推进“四好农村路”建设。推动公路通达通畅，变“村村通”为“村村硬”，打通农村公路“最后一公里”。二是大力推进城乡供水一体化。以加快建设杨家湾、双江河、黑塘水库和实施农村安全饮水提升工程为重点，完善水利网，保障居民饮水安全、用水方便，形成与经济社会发展相适应的城乡供水水源保障体系。三是加快农村环保管网建设。加快农村垃圾收运系统建设，实现行政村垃圾处理全覆盖；全面完成建制乡镇污水管网建设，实现建制乡镇污水集中处理。四是实施高速通信网络建设，分类分阶段推进光纤、4G 等高速宽带网络由行政村向自然村延伸覆盖。五是大力推进城乡供能一体化。持续推进新一轮农村电网升级改造，着力提高农村用电质量；大力推进村村通天然气工程，努力实现集中居住的村庄全覆盖。

### （三）建设“美丽涪陵”，构建绿色发展体系

绿色是永续发展的必要条件，也是高质量发展的根本要求。涪陵要以建设“美丽涪陵”为载体，通过认真做好构筑绿色屏障、发展绿色产业、建设绿色家园等“三篇大文章”构建绿色发展体系，推动高质量发展。

1. 以做好“构筑绿色屏障”大文章为抓手，强化生态环境建设与保护

一是加强生态系统保护。严守生态保护红线，合理控制开发边界和强度，深入推进退耕还林、荒山造林等国土绿化行动；实施沿江生态保护和修复工程，强化消落区生态保护，推进沿江沿路生态景观保护和生态廊道建设，打造绿色文化岸线。二是强化环境污染治理。深化落实河长制、湖长制，建立常态化河库管护机制，对36条区级河流“一河一策”开展综合整治，治理修复流域生态，确保长江、乌江涪陵段水质保持或优于Ⅲ类；深入治理大气污染，强化工业企业、建筑工地、道路扬尘等污染源综合防治；实施土壤污染防治行动，强化重点区域土壤分级分区管理；加强源头治理，切实解决群众反映强烈的突出噪声问题。三是完善生态保护机制。全面落实生态环境保护责任，健全生态保护考核评价和环境损害责任终身追究机制；完善环保行政执法与刑事司法联动机制，严厉打击偷排直排污水、非法倾倒处置危险固废、废气超标排放等违法行为。

2. 以做好“发展绿色产业”大文章为抓手，深化工农业生产污染防治

一是严格执行国家对沿江“1公里”范围内的管控政策和工业项目入园规定及环保标准，结合各园区、各乡镇街道产业发展状况，制定差异化环保政策，分区完善建设项目负面清单，对不符合环保要求的项目一律不再引进。二是深入落实以大数据智能化为引领的创新驱动发展战略，加快工业产业结构调整和优化升级，重点发展以页岩气为主导的新能源产业、以智能化为主导的装备制造产业、以大数据为主导的信息产业、以高分子材料为主导的新材料产业、以中医药为主导的生物医药产业、以涪陵榨菜为主导的食品产业等绿色产业；与此同时，大力实施传统产业改造提升工程，积极推动

循环产业链的形成与发展。三是大力发展生态特色效益农业，坚持生态产业化、产业生态化，念好“山字经”，种好“摇钱树”，做好“水文章”，大力发展榨菜、中药材、水果、乡村旅游等生态特色效益农业，培育壮大茶叶、笋用竹、油茶等后续骨干产业。

3. 以做好“建设绿色家园”大文章为抓手，加强城乡居民生活污染防治

一是深化生活污水防治。实施城乡水污染综合治理，推进城乡污水处理厂建设；采取截污纳管、面源控制、清淤疏浚等措施，全面消除城乡黑臭水体；依法取缔城乡饮用水水源保护区内违法建设项目和活动；完善农村生活污水处理模式，实施农作物化肥农药使用量零增长行动。二是深化生活垃圾防治。在城乡居民居住区设置垃圾分类收集容器，对金属、玻璃、塑料等垃圾进行回收利用，危险废物应单独收集、处理处置，禁止垃圾随意丢弃、堆放、焚烧；对无法纳入城乡垃圾处理系统的生活垃圾，应选择经济、适用、安全的处理处置技术，在分类收集基础上，采用无机垃圾填埋处理、有机垃圾堆肥处理等技术进行处理；关于农村生活垃圾，在分类收集、减量化的基础上可通过“户分类、村收集、镇转运、区处理”的城乡一体化模式处理处置。

### （四）建设“开放涪陵”，构建开放发展体系

开放是国家繁荣发展的必由之路，也是高质量发展的内在要求。涪陵要以建设“开放涪陵”为载体，积极主动融入国家“一带一路”建设、长江经济带战略和全市对内对外开放大格局，通过精心培育开放产业、畅通对外开放通道、提升开放平台功能等构建开放发展体系，推动高质量发展。

1. 以打造重庆现代制造业基地为抓手，精心培育开放产业

一是在空间布局上，以四大工业园区为点，两江四岸五桥为线，

突出发展先进装备制造、材料及有色金属、新型化工化纤、食品医药等大进大出产业，以及页岩气、电子信息等新兴优势产业，打造具有鲜明特色的临江开放产业带。二是在产业布局上，李渡工业园区重点集聚汽车等先进装备制造和电子信息产业，龙桥工业园区重点集聚临港工贸产业，清溪工业园区重点集聚再生有色金属精深加工产业，白涛化工园区重点打造以化工新材料为主导的综合化工基地。力争到2020年，汽车及零部件、页岩气等新能源、智能终端等电子信息、食品医药、化工化纤、材料及有色金属等六大支柱产业总产值突破3000亿元，基本建成具有港口综合功能的国家级内河临江经济示范区。

2. 以打造成渝城市群区域性综合交通枢纽为抓手，畅通对外开放通道

一是畅通陆上通道。围绕更好融入重庆“三环时代”，加快南两高速建设，争取市郊区铁路过境涪陵，打造国家中心城市战略后援地；推动沿江货运铁路入规建设，打通鄂西通道；推动涪陵至广安铁路开工建设，打造川东、西北通江达海快速通道；推动涪陵—柳州铁路开工建设，打通涪陵向南快速出海通道。二是疏通两江航运。推进长江航道整治，打通剪刀峡、扁担梁等航运瓶颈，实现5000吨级船舶全年直达主城，提高涪陵在长江经济带的物资集散地位；加快乌江河口至武隆白马三级航道整治工程和智能化建设，努力实现乌江干线1000吨级船舶全线通航、干支直达，提升涪陵在乌江流域的物资集散中心功能。三是构建枢纽节点。全力把龙头港打造成为长江上游最大的铁公水联运港，同步推进黄旗、李渡、清溪、白涛等四大物流港和铁路、公路连接线建设，加快高山湾、火车北站和江东等3个客运枢纽及区内10个高速公路互通及连接线建设，努力形成“二环十一射”高速公路网。

3. 以打造重庆内陆开放高地重要支点为抓手，提升开放平台功能

一是加快涪陵海关办事处升格为涪陵海关，争取涪陵港设立为国家内河港口一类开放口岸和整车进口口岸，争取涪陵工业园区升格为国家级高新区。二是加快电子口岸，检验检疫技术中心、质量计量检测中心和国家出口玩具、榨菜检测、危险品检测重点实验室等“一口岸两中心三实验室”建设，打造区域性高水平开放平台。三是以涪陵综合保税区上升为国家综合保税区为契机，加快推进保税物流中心建设，加快推进物流园区及港口体系建设，完善江海联运、铁水联运功能，积极发展保税物流。四是争取将涪陵港纳入国家适用启运港退税政策的启运地口岸，争取全市重大开放口岸功能向涪陵延伸，设立汽车整车、有色金属、农副产品进出口交易和检测中心。

### （五）建设“幸福涪陵”，构建共享发展体系

共享是高质量发展的目的，也是高质量发展的根本体现。涪陵要以建设“幸福涪陵”为载体，通过全方位加强经济、政治、文化、社会、生态等建设构建共享发展体系，推动高质量发展。

1. 以加强经济建设为抓手，进一步提高居民收入水平

坚持把发展作为第一要务，牢牢扭住经济建设这个中心，不断增强涪陵的综合经济实力，夯实“幸福涪陵”的物质基础。与此同时，稳步提高城乡居民收入水平，努力实现居民收入增长和经济发展同步、劳动报酬增长和劳动生产率提高同步，提高居民收入在国民收入分配中的比重，提高劳动报酬在初次分配中的比重，让发展成果更多更好地惠及广大民众。

2. 以加强政治建设为抓手，进一步维护社会公平正义

以政治建设为突破口，坚决破除各方面体制机制障碍，突破利

益固化的藩篱，加紧建设对保障公平正义具有重大作用的制度，逐步建立起以权利公平、机会公平、规则公平为主要内容的社会公平保障体系，努力营造公平的社会环境，切实保证人民平等参与、平等发展权利。

3. *以加强文化建设为抓手，进一步丰富人民群众精神生活*

继续在深化文化体制改革、激发内在活力、创新文化发展方式上下功夫，通过创新体制、转换机制、强化观念，为文化强区建设提供制度保障。继续创新文化传播方式，让能够为人民群众所喜闻乐见的文化产品和文化服务广泛进入精神文化生活的各个领域，切实丰富人民群众精神生活。

4. *以加强以民生为重点的社会建设为抓手，进一步健全社会保障体系*

进一步扩大社会保险覆盖面，并在经济增长的基础上，稳步提高待遇标准。进一步完善社会救助体系，健全最低生活保障救助机制，实行重特大疾病医疗救助。进一步完善住房保障制度，加强保障性住房后续管理。大力推动社会福利、慈善事业发展。高度重视养老事业，加快社会养老服务体系建设，鼓励社会资本兴办养老机构。

5. *以加强生态文明建设为抓手，进一步改善人居环境*

坚持生态优先、绿色发展，全力推进境内长江、乌江保护治理进程，让两江水清、涪陵美丽深入人心，形成社会共识；以创建全国文明城区、国家生态园林城区、国家生态文明建设示范区和国家卫生区为目标，促进经济发展与环境保护高度融合，大力开展以空气环境、水环境、交通环境和人居环境为重点的环境综合整治，提高人民群众对环境的满意度。

# 第二章　构建创新发展体系

党的十九大报告强调，我国经济已由高速增长阶段转向高质量发展阶段，要加快建设现代化经济体系，要坚持“引进来”和“走出去”并重，加强创新能力开放合作。这就要求我们以全球视野谋划和推动创新，加快构建开放创新体系，增强创新供给，全面加强创新环境建设，在开放合作中提升创新的质量和效率，增强创新生态吸引力。

## 一、创新是引领发展的第一动力

构建创新发展体系是加快建设现代化强国的重要举措，也是打造我国全面开放新格局的重要内容，而创新则是引领发展的第一动力，是创新发展体系的主要因素，是建设现代化经济体系的战略支撑。

### （一）创新是全球发展的重要趋势

当前，全球新一轮科技革命孕育兴起，正在深刻影响世界发展格局，深刻改变人类生产生活方式，创新成为经济全球化和创新网络化背景下的重要趋势。伴随各种生产力要素和科技资源在全球范围内自由配置不断加速，各国创新体系间的依赖性不断提升，创新多极化趋势的增强加速了全球化创新网络的形成，尤其在新一轮科技革命和产业变革提速的背景下，高端创新要素和创新资源在全球范围内的流动速度更快、更具方向性。为了应对全球经济社会转型发展中的严峻挑战，各国都注重创新，通过增加投入、优化制度和加强协同来构建开放创新体系，呈现出四大趋势。

1. 创新型国家增多

全球创新格局呈多中心、多极化发展趋势，亚洲的创新地位迅速提高。以美国为首的发达国家虽仍在全球创新中处于领先位置，但中国、巴西等发展中国家的研发活动开始不断活跃和发展，创新投入和活动全球化吸引了更多国家加入其中。

2. 创新要素在全球流动加剧

虽然领域贸易保护主义在部分国家仍然存在，但经济全球化和信息技术的发展促进创新要素在全球加速流动。哪里发展环境优渥，创新要素就向哪里流动。随着技术和人才等创新要素跨国流动的规模和水平不断提高，各国的创新也在充分利用世界人才、技术和市场，整合外部资源，提高创新效率。

3. 创新模式多样化，呈现网络化趋势

生物技术、新能源、信息技术等领域交叉融合增多，加强了不同领域之间的合作创新，引发了新一轮科技革命和产业变革；而互联网技术加速传统产业的商业模式和产业组织方式的改变，创新专业化和网络化的程度提高，创新模式发生变化，电子商务、智能制造等实体经济效率不断提高，从以企业为核心的线性模式、以地区为核心的集群模式，到跨领域和地区的创新网络化成为可能。

4. 全球范围内的创新合作持续加强

由于技术变化加快和复杂性增加，研究开发成本增加，创新能力提升也不再局限于内部研发，研发外包、联合研究开发、专利许可等推动创新成果在全球范围内产业化。在政府层面，为应对人类共同面临的环境和能源安全等问题，全球各国加强技术合作，加大研究开发投入和交流。在社会层面，为了克服创新成本和技术的复杂性，大学、科研机构和企业之间构建创新网络，加强合作研发和创新，加强了创新链各环节之间的协调性，提高研究质量，缩短研究周期，加快成果产业化。

### （二）创新是我国竞争力提升的决定要素

创新能否成为引领发展的第一动力，关键在科技创新，它决定了我国赶超世界先进科技水平的能力和实力，是提升国家竞争力的决定要素，也是解决当前需求无限性与资源有限性的矛盾，持续增加要素有效供给并形成高效组合，不断提高生产力的关键。在国际发展竞争日趋激烈和我国发展动力转换的形势下，必须把发展基点放在创新上，形成促进创新的体制架构，塑造更多依靠创新驱动、更多发挥先发优势的引领型发展，掌握高端技术、核心技术和关键技术，通过创新来全面增强社会发展动力，提升国家竞争力。

### （三）创新是提升我国公民科学素质的催化剂

习近平强调，中国高度重视科学普及，不断提高广大人民科学文化素质。中国积极同世界各国开展科普交流，以推动共享发展成果、共建繁荣世界。“科学素质”被称为现代公民的必备能力指标之一，它是指了解必要的科学技术知识，掌握基本的科学方法，树立科学思想，崇尚科学精神，并具有一定的应用它们处理实际问题、参与公共事务的能力。党和政府高度重视公民科学素质建设，2002 年颁布了世界唯一一部专门以提高公民科学素质为目的的法律《中华人民共和国科学技术普及法》，并通过全社会参与创新、投入创新来催化公民提升科学素养，增强社会创新活力。《中国公民科学素质建设报告（2018年）》显示，我国公民科学素质水平进入快速增长阶段，2018年我国公民具备科学素质的比例已达到8.47%，比2005年的1.6%提高了4.3倍。上海、北京、天津、江苏、浙江、广东等6个省份的公民科学素质水平比例超过10%，超过我国2020年公民科学素质发展目标，其中上海以21.88%的比例列第一，北京以21.48%列第二，创新氛围不断促进公民科学素质的提升，为发展中国家，特别是发展不平衡、不充分地区，如何推进科学素质提供了重要实践。

## （四）创新是我国新旧动能转换的必经之道

习近平指出，科学技术是第一生产力，创新是引领发展的第一动力，中国如果不走创新驱动道路，新旧动能不能顺利转换，是不可能真正强大起来的，只能是大而不强。随着我国经济转入高质量发展阶段，推动新旧动能转换、建设现代化经济体系，成为大势所趋，而创新则是推动新旧动能转换的必经之道。新旧动能转换，内在的动力是企业，企业是主体。将创新作为经济发展的第一动力，创造新旧动能转换的条件，实际上就是让市场发挥作用，让企业发挥主导作用，让创新成为主导性因素。其中技术创新是新旧动能转换的基础，品牌创新是新旧动能转换的载体，机制创新是新旧动能转换的保障。

在“大众创业、万众创新”号召下，《中国众创空间白皮书2018》和科学技术部高技术产业开发中心公布的数据显示，中国众创空间发展迅速，数量跃居全球第一，且仍然呈迅速增长态势，截至2017年底，全国纳入火炬统计的众创空间已达5739家，与2016年相比增幅超过33%；科技企业孵化器4069家，场地面积1.18亿平方米，在孵企业17万家，创业带动就业249万人。值得注意的是，众创空间与垂直行业结合在加速，其中企业服务、“互联网+”、文化创意、人工智能、智能硬件、共享经济等领域比较受关注，与新兴产业的发展水平相呼应，形成了创新服务的一个生态网络、生态环境。

### （五）创新是助力实体经济智能升级的根本出路

实体经济是我国经济发展及国际竞争中赢得主动的根基。要坚持把发展经济的着力点放在实体经济上。推动实体经济发展，加快产业转型升级，根本出路在于创新。创新，主要是要突破核心技术，抢占技术的制高点，并且获得技术的话语权，因此技术创新是中国实体经济持续发展的必由之路，也是服务实体经济，助力智能制造升级的重要举措。中国制造业目前总体上还处在国际产业链的中低端，未能掌握核心技术这个短板明显，要实现制造大国向制造强国的转变，必须把核心技术掌握在自己手里，进一步发挥科技创新的支撑引领作用，着力突破一些关键核心技术，抢占未来竞争的先机，将传统装备制造业转型创新为智能制造，不断增强经济创新力和竞争力。

### （六）创新是解决企业融资难题的重要途径

目前我国接近90%的市场主体是中小企业，融资难是所有中小企业发展的“老大难”问题。中小企业融资的主要渠道是向银行贷款，但轻资产难以适应传统的以重资产为基础、以短期财务指标为关键的融资模式要求，尤其是科技型中小企业，轻资产现象尤为突出，资本基本是一个遥不可及的“梦”。因此，除了直接作用于实体经济外，技术创新也为金融业的发展注入了新鲜活力。通过科技金融创新，促进科技与金融有效结合，改革传统重资产融资模式，大力发展数字金融，把数字金融作为中小企业和金融机构之间的转换器，有效化解中小企业融资难、融资贵难题，提升金融业效率，为创业者成长提供全流程多样化的金融服务，技术创新能更好地服务于实体经济。

坚持创新这个引领发展的第一动力，让我国在科技创新水平上走在世界前列，也让创新逐步从技术创新向金融等各个领域渗透，催生新模式、新业态，创新已在服务实体经济、推动新旧动能转换、解决融资难题等方面发挥着不可替代的作用。

## 二、涪陵创新发展取得的成绩

新一轮科技革命和产业变革与加快转变经济发展方式形成历史性交汇期，涪陵立足新形势，把握实施创新驱动的重要新机遇，深学笃用习近平新时代中国特色社会主义思想，深入学习贯彻习近平总书记视察重庆重要讲话精神，用总书记重要讲话精神统领和推动创新发展工作，向创新驱动求动能，以科技创新筑支撑，突出互促共进，发展动能持续增强。2018 年，涪陵区委、区政府坚持以全面深化改革统领经济社会发展全局，推动改革的频度、力度和精准度持续加大，一系列标志性、引领性、关键性的改革举措次第出台，加快发展智能制造，积极培育新技术、新产业、新业态、新模式，加快推进产业智慧化、智慧产业化、跨界融合化、品牌高端化，重塑制造业竞争优势，不断开创各项事业发展新局面。

### 1. 传统产业数字化智能化水平显著提升

抢抓高质量发展契机，实施工业企业“十百千”智能提升工程。着力推动“四园齐进”，进一步完善基础设施和配套功能，推动李渡园区规上工业产值率先突破 1000 亿元大关。重点支持页岩气公司、华晨鑫源、华峰化工、万达薄板、涪陵卷烟厂、太极集团、榨菜集团、蓬威石化等企业上档升级、做大做强，2018 年，新获批国家级、市级绿色工厂各 2 户，9 个市级数字化车间，汽车产业逆势进取，榨菜产业开启新篇，建成全球最大己二酸生产基地，“涪陵造”棕刚玉获评国家制造业单项冠军产品，用创新驱动来促进工业的转型升级，推动涪陵工业经济高质量发展，着力推动“涪陵工业”向“工业涪陵”转变。

2. 智能产业竞争力显著增强

以大数据智能化为引领，实施“十百千”智能提升工程，大力发展智能产业，突出存量提质增效、增量做大做优，持续优化产业结构，提升产业竞争力，以清洁能源、新材料、食品医药、装备制造、信息技术等五大产业为主导的工业产业体系基本形成，国家火炬涪陵现代中医药特色产业基地建设正式启动；以华通电脑、大米智联等项目为依托，促进智能硬件产业集聚；以互爱科技孵化园为平台，推动“互联网+”企业集聚创新发展，新动能新产业新业态加快成长。2018 年全年，规模以上工业战略性新兴产业产值实现 302.55 亿元，比上年增长 20.6%，高技术产业产值实现 173.55 亿元，增长 16.0%，页岩气累计产气突破 200 亿立方米，百亿级企业达到 4 户，入选市级“100 强”制造业企业 9 户、市级“双百”企业 27 户，获批重庆市战略性新兴服务业（科技研发）集聚示范区；互爱科技园集聚 53 个数字经济项目，新签投资 1 亿元以上项目 38 个、产值 50 亿元以上项目 6 个，其中战略性新兴产业项目 15 个、大数据智能化项目 12 个，万凯新材料、华峰新材料、韵达物流、启迪科技城、绿地高铁新城等一批优质项目落户，生物医药、新材料等产业创新基础进一步夯实。

3. 信息基础设施加快完善

建成高速、移动、安全、泛在的新一代信息基础设施，以华为云计算数据中心和中机互联网数据中心为平台，加快推进“智能+”“+智能”应用。2018 年，基础电信企业固定互联网宽带接入用户 35.54 万户，增长 42.7%，互联网普及率为 78.3 户/百户；完成行政村光纤“村村通”，城区及乡镇（场镇）已实现全光网覆盖，全区共有

3G/4G 移动基站 3700 个，4G 信号基本覆盖城区、乡镇所在地，互联网接入能力由 8 兆提升到 100 兆，企业级物联网出口带宽超过 100 兆，武陵山大裂谷景区内实现了 4G 网络信号全覆盖，华为云计算数据中心建成，主城之外首个 5G 基站投用，提升了大数据智能化支撑能力。

4. 大数据智能化应用水平明显提高

推动行业大数据创新应用，在政府管理、民生服务、产业融合、公共产品、社会治理等板块搭建智能化应用平台上下功夫，建立企业登记“一体化”服务窗口，实行全程电子化注册和法人实名认证、多证合一信息确认、税费认定、发票核定、税控设备等业务一并办理，企业“只跑一次路”；加快推进公路应急抢险综合服务中心、交通运行监测和应急调度指挥平台、龙头港智慧港口、智能公交站台等一批智能交通重点项目建设，加快“涪陵通”智慧城市建设。2018 年，全区 306 个行政村建成村级电商服务站，贫困村实现全覆盖，318 个村具备村邮站，并在全区设了 392 个“涪陵 e 生活”乡村电商点，帮助果农销售龙眼超过 10000 斤；全区已建成 270 个益农信息社站点；建成全市区县首个“智慧河长”系统，对长江、乌江实时动态监控，次级河流污染综合整治持续推进；长江师范学院、十四中、九中、浙涪友谊学校、荔枝希望小学 5 所学校等上榜重庆市首批智慧校园示范学校；武陵山大裂谷景区入选重庆市第一批智慧旅游景区创建单位；卫生计生方面，开展网上预约诊疗等“互联网 +”医疗服务，完善“先诊疗后付费”和“一站式结算”机制，全年救治 5887 人次，加快智慧医院建设，全年涪陵区共建设涪陵新区中央商务区公寓楼工程（5 号楼）等 6 个“智慧工地”项目，政府管理、智能交通、智能农业等领域大数据智能化应用水平明显提高。

5. 数据驱动型创新体系初步建立

在智能网联汽车、区块链技术、云计算等技术应用领域取得新突破，建成了涪陵科技创新中心。2018 年末，拥有科研事业机构 2 个（农科所、信息所），从事科技活动人员 97 名；国市级重点实验室 2 个，国市级工程技术研究中心 19 个，区级技术创新机构 107 个，新创市级工程技术研究中心 3 个、新型研发机构 3 个；科技成果登记 110 个，科技成果转化率达到 100%，拥有国家高新技术企业 81 家、重庆市科技型企业 554 家、知识产权优势企业 17 家。获得市级科技奖励 3 项。全年申请专利 1896 件，其中发明专利 410 件，实用新型专利 1237 件，外观设计专利 249 件；获得授权专利 1316 件，其中个人 228 件、工矿企业 910 件；入选重庆首批专利信息服务试点区县；获评重庆市科技进步奖 3 项，高新技术产品产值、专利产品产值分别增长 25.8%、22.1%。

## 三、涪陵创新发展存在的问题

虽然近年来，涪陵通过多措并举在创新发展上取得了不俗的成绩，但面对新时代复杂的国内外形势和涪陵高质量发展的目标，仍然存在诸多问题，面临诸多挑战。

### （一）创新认识片面化、狭隘化现象仍然存在

习近平同志指出，树立创新发展理念，就必须把创新摆在国家发展全局的核心位置，不断推进理论创新、制度创新、科技创新、文化创新等各方面创新，让创新贯穿党和国家一切工作，让创新在全社会蔚然成风。目前，部分单位及少数乡村对创新发展理念的认识仍然存在片面化与狭隘化问题，主要表现为：将创新仅仅理解为企业、机构和个人的技术创新，对于政府主导下的制度、组织、管理和服务等创新重视不够，未能站在发展全局高度全面把握创新发展理念的科学内涵。这种片面化、狭隘化的认识将导致创新动力不

足，严重制约涪陵区创新发展的质量和效益。

### （二）创新内生动力不足，自主创新能力不强

1. 自主研发能力不足

虽然涪陵区近几年已经初步形成了以企业为主体的自主创新体系，创新企业机构也不断增加，从业人员数也有所上涨，但整体来说绝大部分企业属于中小微企业，存在规模小、层次低、研发人员专业性不强、研发部门功能不全等问题，核心技术和前沿技术能力仍然缺乏，创新能力仍然较低。

2. 科技创新含金量和质量不高

全区专利申请量虽逐年在增长，但主要集中在实用新型和外观设计等方面，发明专利甚少，而且从全市纵向比较，数量不多增长率也不高。从万人口申请专利数来看，2015 年为 4860 件/万人，其中发明专利为 2562 件/万人，实用新型专利为 2028 件/万人，外观设计专利为 270 件/万人，总体数量较 2014 年明显提高，但授权的专利总数仅为 65 件/万人，较 2014 年有所下滑，同时根据重庆市知识产权局“2018 年专利申请总表”，涪陵区专利申请数不在全市的前 10 名，除主城区外，排在江津、永川、璧山等区县后面（见图 2－1、图 2－2、表 2－1），核心竞争力不强，自主创新力低。

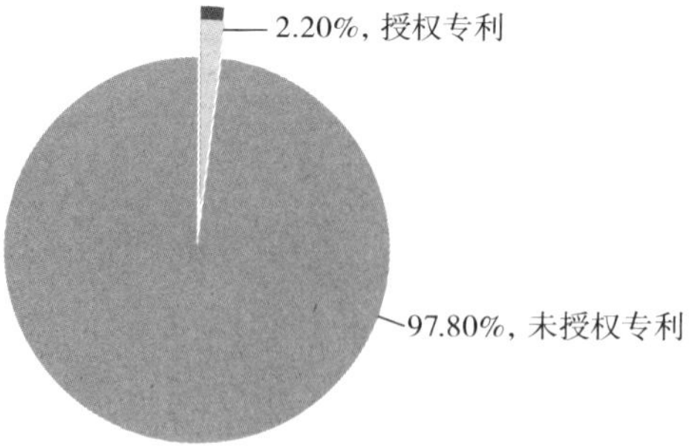


**图 2－1　2014 年申请专利数授权情况**

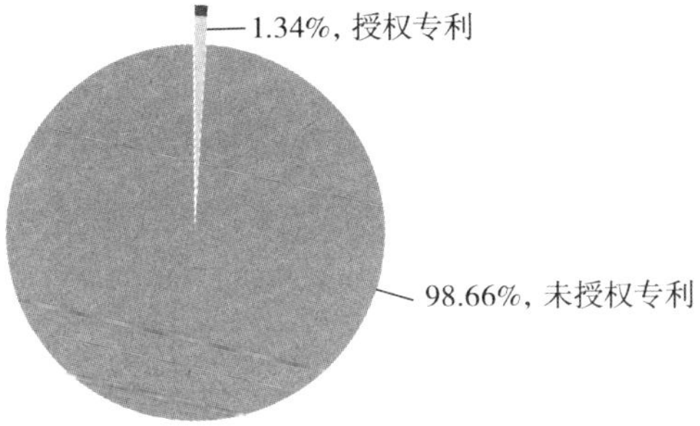


**图 2－2　2015 年申请专利数授权情况**

**表 2－1　2018 年重庆市专利申请总表**

| 地区 | 年累计 | 同比增长 | 发明 | 同比增长 | 实用新型 | 外观设计 | 大专院校 | 科研院所 | 机关团体 | 企业 | 同比增长 | 个人 |
|---|---|---|---|---|---|---|---|---|---|---|---|---|
| 重庆市 | 72121 | 11. 569 | 22685 | 17. 569 | 40959 | 8477 | 9557 | 1050 | 2438 | 48543 | 9. 66% | 10533 |
| 渝北区 | 9382 | 42. 58% | 3288 | 89. 62% | 5287 | 807 | 551 | 273 | 168 | 7332 | 44. 36% | 1058 |
| 九龙坡区 | 9306 | －1. 61% | 2767 | 25. 15% | 4403 | 2136 | 204 | 226 | 26 | 8383 | 10. 01% | 467 |
| 沙坪坝区 | 6594 | 15. 26% | 2905 | 20. 19% | 3339 | 350 | 3130 | 89 | 687 | 1751 | 29. 70% | 937 |
| 江津区 | 5565 | 36. 06% | 2183 | 58. 99% | 2848 | 534 | 1057 | 0 | 20 | 4242 | 20. 87% | 266 |
| 南岸区 | 4428 | 14. 72% | 2139 | 28. 16% | 1886 | 403 | 1616 | 169 | 17 | 2061 | 12. 07% | 565 |
| 江北区 | 3626 | 12. 71% | 968 | 29. 93% | 2081 | 577 | 70 | 32 | 188 | 2970 | 8. 55% | 365 |
| 北碚区 | 3246 | 10. 15% | 1151 | 20. 78% | 1664 | 431 | 708 | 110 | 37 | 2087 | 19. 87% | 304 |
| 永川区 | 2782 | －10. 80% | 708 | －45. 54% | 1898 | 176 | 792 | 1 | 379 | 1410 | －39. 04% | 200 |
| 璧山区 | 2306 | 34. 38% | 370 | －3. 65% | 1810 | 126 | 26 | 0 | 45 | 2049 | 27. 98% | 186 |
| 巴南区 | 2116 | 23. 02% | 504 | 51. 81% | 1151 | 461 | 305 | 8 | 10 | 1448 | 30. 57% | 345 |
| 渝中区 | 2097 | 13. 11% | 703 | 8. 32% | 1217 | 177 | 115 | 66 | 485 | 845 | 4. 84% | 586 |
| 涪陵区 | 1896 | 1896 | 12. 72% | 410 | 44. 37% | 1237 | 249 | 328 | 20 | 1165 | 10. 64% | 380 |
| 开州区 | 1802 | 73. 94% | 185 | 10. 78% | 1504 | 113 | 2 | 0 | 97 | 1242 | 121. 00% | 461 |
| 长寿区 | 1618 | 4. 45% | 786 | －14. 66% | 784 | 48 | 22 | 1 | 19 | 1424 | 3. 11% | 152 |
| 合川区 | 1534 | －24. 69% | 685 | －33. 24% | 669 | 180 | 40 | 0 | 14 | 1293 | －30. 03% | 187 |
| 万州区 | 1412 | 12. 42% | 219 | 30. 46% | 1034 | 159 | 541 | 6 | 38 | 412 | 11. 35% | 415 |
| 铜梁区 | 1203 | 2. 38% | 327 | 7. 92% | 808 | 68 | 0 | 0 | 22 | 1081 | 3. 44% | 100 |
| 大渡口区 | 1178 | 10. 40% | 315 | 24. 51% | 803 | 60 | 2 | 0 | 1 | 1069 | 12. 29% | 106 |
| 大足区 | 1138 | 19. 04% | 344 | －15. 06% | 695% | 99 | 0 | 0 | 1 | 811 | 26. 52% | 326 |

续表

| 地区 | 年累计 | 同比增长 | 发明 | 同比增长 | 实用新型 | 外观设计 | 大专院校 | 科研院所 | 机关团体 | 企业 | 同比增长 | 个人 |
|---|---|---|---|---|---|---|---|---|---|---|---|---|
| 潼南区 | 1081 | -22.56% | 186 | -14.29% | 806 | 89 | 1 | 0 | 9 | 857 | -23.21% | 214 |
| 忠县 | 1036 | -7.50% | 104 | 11.83% | 854 | 78 | 0 | 0 | 11 | 317 | 87.57% | 708 |
| 万盛区 | 740 | -17.13% | 245 | -35.70% | 461 | 34 | 0 | 0 | 2 | 712 | -19.37% | 26 |
| 綦江区 | 709 | 36.87% | 116 | 90.16% | 540 | 53 | 0 | 0 | 8 | 503 | 37.81% | 198 |

## （三）创新投入不足，投资格局存在弊端

1. 创新投入仍然不足

根据《2017年重庆市科研机构研发（R&D）经费投入情况分析》，涪陵区研发经费支出占比属于第二类，即5%～10%的区县（见图2-3）；虽然占比不低，但仍然无法满足新时代企业创新的需求，研发投入仍然不足。

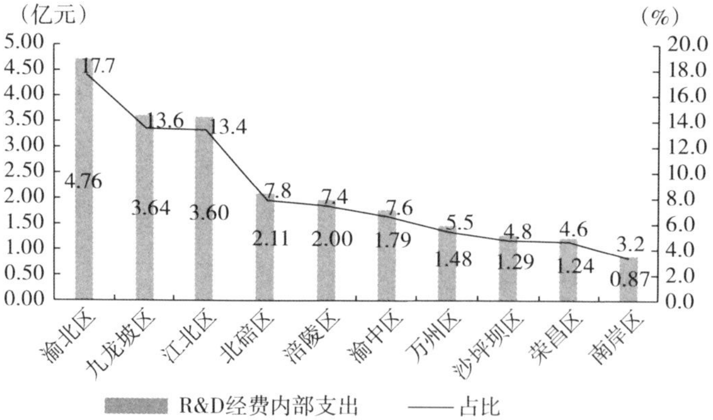


**图2-3　2017年R&D经费支出累计占比达85%的区县分布**

2. 投资格局存在弊端

投入结构不均衡、研发支部不稳定两大瓶颈凸显。涪陵区96%的R&D机构设在企业、92%的技术开发人员集中在企业、75.45%

的 R&D 经费来自规模以上企业投入（其中涵盖大部门国有企业），企业和企业集团成为高新技术产业投资的主体，这种格局虽有很多好处，但弊端也很大。因为企业作为经营主体将大量资源投入研发隐藏着高度的风险，一旦研发失败会给企业或国有资金带来巨大的损失。

### （四）创新主体间联动不足，研发支撑有限

创新四大主体“政府、企业、高校、科研院所”中，涪陵区的科技创新能力主要依靠政府和企业，其中企业所占比重看似最大，但由于企业中涵盖了大部分的国有企业或国有资金股份企业的特殊情况，涪陵区创新能力发展主要是依靠政府的推动，这样的现状使得创新自主性和自发性不足，缺少适应市场运作的机制和能力，高校及科研院所的作用不大，主体间的联动合作很少，作用甚微，让涪陵区创新驱动的持续动力不足；同时，区内有技术的理工类高校较少，科研师资力量薄弱，不能支撑企业创新。

### （五）创新基础设施滞后，引领创新水平不高

涪陵区各大工业区、众创空间、孵化园及高新区等虽然不断加强基础设施建设，但各创新基地均缺乏高层次人才集聚，无高水平项目支撑、无高协同技术攻关平台载体，产业集聚度高、共享性专业服务平台较为欠缺，承接产业转移、促进产业升级的前沿性战略性新兴产业发展不够，整体引领水平不高。

### （六）创新制度不健全，鼓励创新氛围不浓

创新发展离不开制度保障，目前，涪陵区在科技投融资体系等创新体系制度方面还不健全，缺乏鼓励和引导创新的因地制宜政策意见；同时，由于缺乏具有可操作性的容错纠错机制，加之区内的

企业还未真正成为创新投入的主体，缺乏自我投入的意识，系统而全面的创新体系尚未形成，创新管理和服务机构匮乏，使得企业不敢创新、不愿创新，诸多项目和政策无法落地，无法形成重视创新、全民创新的社会氛围。

## 四、涪陵构建创新发展体系的措施

### （一）深化创新内涵认识

要构建适合涪陵的创新发展体系，首先要全面把握创新的两层含义，解决涪陵区部分部门、干部对创新的狭隘化理解问题。按照内容划分，创新可分为制度创新、组织创新、管理创新、服务创新和技术创新等；按照主体划分，创新可分为政府创新、企业创新、机构创新和个人创新等，概括而言，创新可分为微观和宏观两个层面的含义。

微观层面的开放创新是指微观组织开展创新活动和配置创新资源的方式，即创新主体同时利用内部和外部相互补充的创新资源，在创新链的各个阶段与不同合作伙伴多样化地开展合作。技术进步使得创新的复杂性和成本增加，一些重要创新难以在一个企业内部完成，为了提升创新效率，创新的开放度增强。宏观层面的开放创新主要是指构建开放创新体系，促进创新要素的双向流动。这不仅包含构建跨国创新主体之间的协同创新机制，也包含构建开放的创新生态环境，促进创新要素的自由流动，以及创新成果的国际化应用或扩散。推动创新发展，要全面准确贯彻落实创新发展理念，协调推进各领域各方面创新，不能顾此失彼、单兵突进。

## （二）夯实创新信息基础

### 1. 建设高速安全的信息基础设施

以华为云计算中心的建成和首个5G站的投入为契机，统筹推进全区网络基础设施建设，尤其是各乡镇村社的基础信息建设，保障城区和乡镇社区都有网、能通网、网畅通；依托全市“光网·无线重庆”工程，鼓励支持企业开展5G技术测试及应用；加快推进全区公共区域智能免费Wi－Fi及3A级以上景区免费Wi－Fi的建设，为市民提供多样化的智能化应用环境，争取实现全覆盖建设高水平大数据基础设施，提升大数据智能化支撑能力。

### 2. 强化信息安全防护

推进自然人、法人、地理空间等基础信息资源的保护和管理。有效落实大数据智能化环境中防攻击、防泄露、防窃取的监测、预警、控制和应急处置能力建设，切实加强对涉及国家利益、公共安全、商业秘密、个人隐私等信息的保护。做好关键信息基础设施安全防护提升工作，建立覆盖全区各部门和重要企业的信息安全应急管理机制，提升大数据智能化环境下网络安全突发事件应急处置能力。推进安全可靠的国产密码技术和产品的广泛应用，筑牢自主可控的安全防护防线，不断夯实创新发展的基础设施建设，打通构建创新发展体系的“基础之路”和“安全之路”。

## （三）增强创新内生动力

坚持数据开放、市场主导，围绕增加大数据智能化创新的源头供给，从关键技术、科技创新平台、人才培养等方面强化部署，以数据为纽带促进产学研深度融合，加大关键技术研发、创新平台建设、人才团队培养等支持力度，持续提升自主创新能力和成果转化水平。

1. 加大创新投入

在保障政府投入的基础上，创新财政投入方式，充分发挥金融机构作用，把握好稳定支持和竞争择优的“平衡点”，以政府“小投入”撬动全社会“大投入”，进一步吸收社会资金，参与协同创新平台的建设与发展，形成政企联动的共建机制；协调相关创新组织，建立协同创新平台的中央、市级、区级零障碍的财政投入渠道，在给各类创新主体提供稳定的经济支持的同时，鼓励中小企业加大研发投入。

2. 加快技术成果转化

围绕全区产业发展和民生服务需求，充分发挥企业创新主体作用，整合产学研资源优势，开展联合攻关和产业化试验，突破大数据智能化推广应用技术瓶颈，加快大数据、智能物联网等领域的新产品研发及产业化。推动华为云计算大数据平台与本地产业融合发展，促进智能网联汽车、机器人及无人机用高效微电机、新型智能变压器等智能产品质量提升及市场竞争力，壮大智能制造产业集群。

3. 培育引进创新平台

推进北交大团队牵头的中涪科瑞工业技术研究院等创新平台建设，对接市内外科技信息数据资源，整合全区科研仪器设备，面向社会开放共享。加强涪陵检验检测技术创新联盟服务能力提升，以企业研发需求为导向，建设以科研仪器、信息数据共享为载体的创新资源服务平台；培育发展科技成果转移转化专业人才队伍，探索建立“互联网+科技”大市场。引进和打造一批重点实验室、研究院等大数据智能化科研平台，搭建对接转化服务平台。

4. 加强创新人才引进和培养

结合全区产业发展状况，在建筑现代化、智能物联网等领域培育研发人才团队；优化区内高校、职业院校智能类学科专业设置，深化人才培养模式改革，完善人才政策，提升人才服务水平。依托“两江学者”“鸿雁计划”“特支计划”等市人才项目，大力引进高层次紧缺人才，在智慧物流、智慧教育、智慧医疗等领域引进和培育成果转移转化经纪人队伍，建立智能化人才引进“绿色通道”，构建覆盖人才落户、住房、职业生涯发展、配偶就业和子女入学等方面的全方位人才保障体系，增强区内创新发展的人才动力。

### （四）加强创新主体联动

1. 积极开展产学研政联动

突出企业市场主体地位，发挥政府引导作用，建立市场化的大数据智能化应用机制，推动政府与高校、企业、社会机构开展合作。支持校企合作建立教育培训基地，重点培养大数据产业所需的应用型人才，充分利用智能制造龙头企业的技术资源优势和产业基础，培育一批智能制造领域高技能型人才。组建涪陵区众创空间建设发展联盟，对接整合长江师范学院、重庆工贸职业技术学院等研发型众创空间和市场化众创空间的创新创业要素资源，助推科技型中小企业快速成长。

2. 强化多方交流合作

将涪陵创新发展融入国家“一带一路”建设和长江经济带发展中，承接重庆开放高地发展势能，强化国际与先进地区的交流合作，积极引进全球优势资源。把扩大开放作为发展数字产业、推进产业数字化的强大动力，把招商引资摆在更加突出的位置。坚持以企业为主体，以市场为导向，鼓励区内企业积极参与国家大数据、人工智能等重大科研专项、重大平台项目布局建设。引导、支持和鼓励本地各类市场主体、高校和科研机构与国内外大数据智能化领域优势企业、学术机构开展产业、资金、技术、人才等全方位合作。

3. 加大开放力度

加大招商引资力度，重点招引市场前景好、科技含量高的战略性新兴产业项目，形成新的增长引擎。积极开展招商推介活动，开展各种形式的经济技术交流，积极引进优势企业、重点产业、重点项目。

## （五）完善创新发展保障措施

1. 加强组织领导

加强对大数据智能化产业发展的统筹协调和资源整合，探索建立综合绩效评价体系，结合实际研究制定具体实施方案，上下联动、密切配合。加快大数据智能化智库建设，开展重大问题研究，为大数据智能化发展提供强大智力支持。

2. 严格责任落实

各乡镇（街道、园区）和区级部门单位要明确责任，细化分工，密切协调配合，加强协同、形成合力，加快推进大数据智能化健康有序发展。区经济信息委、区发展改革委等相关部门既要统筹推进创新发展体系建设及其应用发展，又要各司其职，从民生服务、产业转型、人才培养体系等各领域进行规划，推动全区智能产业发展，坚持分类推进、试点先行、示范引领，使创新成为涪陵区产业升级和经济转型的主要动力。

3. 完善配套制度，优化发展环境

深入贯彻落实现有政策，不断完善创新体系建设中涉及的技术研发、产品开发、创新技术、信息技术、专业人才、企业创新等配套制度，释放支持创新发展的政策信号，为创新体系建设畅通制度保障；搭建以企业为主体的丰富大数据智能化应用场景，深入开展物联网设备、智能服务机器人等智能应用产品进社区、进校园、进家庭等一系列示范工程，在教育、医疗、交通等社会各领域形成一批技术与产品相互促进、理论与实践互相支撑的成熟应用场景，积极推动大数据智能化泛化教育，降低个体获得大数据智能化前沿技术的门槛，促进全区产业与应用升级发展，为创新体系建设提供社会环境；整合各类专项资金，加大财政资金对智能产业发展、智能化应用的支持力度，通过高新技术企业税收优惠、研发费用加计扣除、研发准备金、重大新产品研发成本补助等政策支持企业发展；设立涪陵区大数据智能化产业发展专项资金，为智能化产业项目引进、传统产业智能化提升、创新应用示范、智能化基础设施建设等提供支持；利用天使投资、风险投资、创业投资基金及资本市场融资等多种渠道，引导社会资本支持大数据智能化发展，为创新体系建设打通资金渠道。

# 第三章　构建协调发展体系

当今中国，处理复杂经济社会关系如同“弹钢琴”，统筹兼顾各方面发展如同“指挥乐队”，只有协调，才能奏响全面建成小康社会交响曲、民族伟大复兴进行曲。“五大发展理念”把协调发展放在我国发展全局的重要位置，坚持统筹兼顾、综合平衡，正确处理发展中的重大关系，补齐短板、缩小差距，努力推动形成各区域、各领域欣欣向荣、全面发展的景象。协调发展理念是对马克思主义关于协调发展理论的创造性运用，是我们党对经济社会发展规律认识的深化和升华，为理顺发展关系、拓展发展空间、提升发展效能提供了根本遵循。历史必将证明，把握好“五位一体”总体布局，贯彻落实“四个全面”战略布局，做到协调发展，我国发展之路就会越走越宽广。因此，构建涪陵区协调发展体系具有重要的战略意义，是实践发展的必然选择。

## 一、协调是持续健康发展的内在要求

### （一）协调发展促进我国经济社会行稳致远

协调与失衡相对立。历史上，失衡的发展、失衡的体制使一些国家落入“陷阱”、陷入灾难。协调发展理念，是认识把握协调发展规律过程中提出来的，是总结中外经济社会发展经验教训提出来的，是正视我国发展存在的不平衡问题提出来的，目的在于促进我国经济社会行稳致远。协调发展吸取世界发展经验教训、避免我国落入“中等收入陷阱”的有效之举。发展是一个整体、一个系统，需要各方面、各环节、各因素协调联动。需求无限性与供给有限性的矛盾、此消彼长或此强彼弱的矛盾、发展慢与发展快的矛盾长期存在。消弭这些矛盾，既要推进发展，又要搞好协调，实现统筹兼顾、综合平衡。

当今世界，各个国家和地区都在求发展、谋发展，但发展从来不可能一蹴而就，发展进程从来不会一帆风顺，总要遇到这样那样的麻烦和陷阱，最棘手的是“中等收入陷阱”。“二战”结束不久，许多国家和地区进入中等收入发展阶段，能够协调发展的国家和地区跨过了“中等收入陷阱”，不能协调发展的国家则落入了“中等收入陷阱”，难以进入高收入发展阶段。拉美一些国家已在“中等收入陷阱”里受困挣扎数十年。它们除了经济发展停滞不前，还饱受就业困难、贫富分化、社会动荡、腐败多发、贫民窟乱象、公共服务短缺等的困扰。因此，发展均衡与否、协调与否，成为衡量世界各国能否可持续发展的一把尺子、一个标准。正如习近平同志指出，“对中国而言，‘中等收入陷阱’过是肯定要过去的”。树立协调发展理念，坚持协调发展，是我国跨越“中等收入陷阱”的一大法宝。有了它，就能补短板、强整体、破制约，增强发展的平衡性、包容性、可持续性，促进各区域各领域各方面协同配合、均衡一体发展，为实现“两个一百年”奋斗目标和中华民族伟大复兴的中国梦铺路架桥。

### （二）协调发展增强发展整体性，是全面建成小康社会的决胜之举

办成一件事，需要协调；推进一项事业，需要协调；成就一番

伟业，更需要协调。协调是成事成功的一大规律、一把“金钥匙”，是全面建成小康社会决战决胜的一大核心理念。当前和今后5年，我们的中心工作是全面建成小康社会。全面小康，重在“全面”，难在“全面”。这个“全面”，既要城市繁荣，也不能让农村凋敝；既要东部率先发展，也要西部开发、中部崛起、东北振兴；既要物质丰裕，也要精神丰富；既要金山银山，也要绿水青山。现在，一些地方存在的只要城市这一头而丢了农村那一头、只有经济增长而无生态改善、只鼓了钱袋子而空了脑瓜子等现象，都不符合全面小康要求，也不是人们理想的幸福生活图景。要“全面”，就得协调。

“全面”不是自然形成的，而是协调出来的。协调就得统筹兼顾、注重平衡、保持均势，把分散的部分系统化，把发散的局部功能整体化，把薄弱区域、薄弱领域、薄弱环节补起来，形成平衡发展结构，增强发展后劲。只有牢固树立协调发展理念，坚持协调发展，才能解决我国发展中存在的区域、城乡、物质文明和精神文明、经济建设和国防建设不协调问题，促进新型工业化、信息化、城镇化、农业现代化、绿色化同步发展，在增强国家硬实力的同时提升国家软实力，不断增强发展的整体效能，进而全面建成让人民满意的小康社会。

### （三）协调发展彰显发展规律性，是提高把握发展规律能力的科学之举

马克思主义认为，人类社会是一个由各种相互联系、相互制约、相互转化的因素和领域构成的“有机体”，“这里表现出这一切因素间的交互作用，而在这种交互作用中归根到底是经济运动作为必然的东西通过无穷无尽的偶然事件……向前发展”“这样就有无数互相交错的力量，有无数个力的平行四边形，而由此就产生出一个总的结果，即历史事变”。

马克思主义关于发展的有机整体论、交互作用论、合力论等，是对人类社会发展规律的科学认识。习近平同志指出，“发展必须是遵循经济规律的科学发展，必须是遵循自然规律的可持续发展，必须是遵循社会规律的包容性发展”，必须“着力提高发展的协调性和平衡性”，强调要遵循经济规律、自然规律、社会规律，实现科学发展、可持续发展、包容性发展，提高发展的协调性和平衡性。这是对马克思主义人类社会发展规律的深化和具体化，是促进当代经济社会科学发展的创新理论，是当代中国切实管用的协调发展观。

我们要以马克思主义为指导，深入学习习近平同志系列重要讲话精神和关于协调发展的重要论述，“向中央基准看齐”，提高认识发展规律和协调发展规律的能力，提高按协调发展规律办事、促进各项事业协调发展的水平。

### （四）促进区域、领域、两个文明平衡发展

协调与整体关系密切。协调的范围是整体，协调的方式是发挥整体效能，协调的目的是增强发展的整体性。作为发展理念，协调有其明确内涵和要求，主要是着力解决我国长期存在的发展不平衡问题，促进经济社会持续健康发展，实现整体功能最大化。协调发展是关系我国发展全局的一场深刻变革，要求按照中国特色社会主义事业总体布局和“四个全面”战略布局，在坚持以经济建设为中心的同时，全面推进经济建设、政治建设、文化建设、社会建设、生态文明建设，促进现代化建设各个方面、各个环节相协调，促进生产关系与生产力、上层建筑与经济基础相协调，做到两点论和重点论相统一。这是坚持唯物辩证法的基本要求，是经济社会持续健康发展的内在要求，也是做好经济社会工作的重要原则。

1. 坚持区域协同、城乡一体发展

协调要求区域平衡，实现区域整体平衡发展。我国国土辽阔，

不同地区之间自然条件不同、资源禀赋各异、历史基础有别，因而长期存在较大发展差距。这就需要统筹东中西、协调南北方，继续实施西部开发、东北振兴、中部崛起、东部率先的区域发展总体战略，重点实施“一带一路”建设、京津冀协同发展战略、长江经济带战略，加快构建要素有序自由流动、主体功能约束有效、基本公共服务均等、资源环境可承受的区域协调发展新格局，推动区域协调发展。由于长期存在城乡二元结构，我国城乡差距较大，有的地方“城市像欧洲、农村像非洲”，有的地方市民满意、农民失意。这就需要健全城乡发展一体化体制机制，坚持工业反哺农业、城市支持农村，推进城乡要素平等交换、合理配置和基本公共服务均等化，努力实现基本公共服务常住人口全覆盖，促进农业发展、农民增收，提高社会主义新农村建设水平。区域、城乡协调发展了，我国发展就有了崭新的空间布局、合理的利益格局，就会获得广阔发展空间和充足发展后劲。

2. 持经济建设与社会建设同步发展、经济建设与国防建设融合发展

协调要求各领域整体平衡，着力推动经济建设与社会建设、经济建设与国防建设等领域的整体平衡。改革开放以来，我国经济快速发展，相比而言，社会建设比较滞后，出现“一条腿长，一条腿短”的问题。在经济发展水平不高的情况下，集中精力把经济搞上去是必要的，但在经济总量做大以后则要注意经济和社会之间的平衡，否则就会出现“中等收入陷阱”“阿喀琉斯之踵”等病灶，引发一系列社会矛盾。这就要求在发展经济的同时投入更多的精力和资源做好教育、就业、社会保障、医疗和公共卫生、环境保护等工作，解决人民最关心最直接最现实的利益问题，让全体人民共享发展成果。同时必须看到，维护发展成果需要强大的国防能力、稳定

的发展环境。经济建设与国防建设是唇齿相依的两个方面。现阶段坚持以经济建设为中心，不能延缓和抑制国防建设。特别是当今世界还很不安宁，没有强大的国防，就不可能顺利进行经济建设，加强社会建设和维护人民利益也就会成为一句空话。这就要求把国防建设深深根植于国家经济社会母体，加快形成全要素、多领域、高效益的军民深度融合发展格局，不仅使国防建设从经济建设、社会建设中获得更加深厚的物质支撑和发展后劲，也使经济建设、社会建设从国防建设中获得更加有力的安全保障和技术支持。

3. 坚持物质文明和精神文明并重

协调要求“身”“心”系统平衡，大力推动物质文明和精神文明平衡发展，坚持两个文明并重。对于两个文明协调发展，邓小平同志早就提出“两手抓，两手都要硬”，但实际上物质文明这一手抓得比较硬、精神文明这一手抓得比较软的现象还在一定程度上存在。一些地方把 GDP 增长作为硬指标，把丰富人们的精神世界作为软约束，在发展中只注重提升经济实力，忽视思想文化建设和社会文明程度提高。这就需要坚持物质文明和精神文明协调发展，两轮驱动、双翼共振，促进“硬实力”和“软实力”一起增强；坚持社会主义先进文化前进方向，加快文化改革发展，加强社会主义精神文明建设，建设社会主义文化强国；加强国际传播能力建设，推动中华文化走出去。历史一再证明，人民有信仰，民族才有希望，国家才有力量。当前，必须坚持用中国梦和社会主义核心价值观凝聚共识、汇聚力量，引导人们坚定道路自信、理论自信、制度自信，团结全国各族人民同呼吸、共命运、心连心，更好建设社会主义现代化强国。

## 二、涪陵协调发展取得的成绩

面对错综复杂的宏观环境和艰巨繁重的改革发展任务，在重庆市委、市政府的正确领导下，区委、区政府坚持以习近平新时代中国特色社会主义思想为指导，团结带领全区人民深入贯彻落实科学发展观，努力抢抓各项机遇，积极应对金融危机挑战，主动适应经济新常态，坚定信心、顽强拼搏、锐意进取、开拓创新，涪陵经济经受了重大考验，也取得了重大成就。聚力推进“三大攻坚战”“八项行动计划”及“三篇大文章”等各项重点任务，开启了高质量发展、高品质生活的美丽涪陵幸福涪陵建设新征程。“转型发展、创新发展、协调发展”实现良好发展，城乡统筹成效明显，人民生活水平显著提高，为经济持续健康发展，全面建成小康社会奠定了坚实基础。

### （一）经济综合实力进一步增强

2018 年，涪陵区全区完成地区生产总值 1070 亿元、增长 7%，成为主城之外首个千亿级区县；地方税收占一般公共预算收入比重提高到 75.4%，工业对地方税收的贡献超过 50%，工业企业利润增长 43%。农村贫困人口减少 2087 人，城乡常住居民人均可支配收入分别增长 8.6%、9.3%。“四城同创”推进顺利，全国文明城区成果得到有效巩固，国家生态文明建设示范区、国家卫生区创建取得阶段性突破，国家森林城市创建正式启动。城区环境空气质量优良天数提高到 333 天，森林覆盖率达到 52%，经济、社会、生态多元多层次效益互促共显。

### （二）产业结构进一步优化

大力实施“326”工业发展战略和“千亿园区、百亿企业”计划，以重大项目推动产业升级，全力培育新兴产业，工业集群化、高新化取得重大突破，工业多业支撑格局基本形成。医药食品、化工化纤、装备制造、材料等传统产业焕发新的活力，汽车、智能终端、页岩气等新兴产业实现零的突破，成为工业增长新引擎。特色效益农业快速发展，榨菜、畜牧、蚕桑、蔬菜四大特色农业基地规模不断壮大，榨菜集团成功上市，涪陵榨菜成为全国品牌价值最高的农副产品，涪陵青菜头成为重庆蔬菜第一品牌。建筑业发展突飞猛进，产值跃居全市第 3 位和城市发展新区第一位。金融、物流、商贸、旅游等现代服务业发展迅速，武陵山旅游区完成深度打造，成功创建国家 AAAA 级景区。江南百亿级商圈发展壮大，一批特色商业街区和专业市场基本成形。自主创新能力不断增强，科研开发、资源共享、成果转化三大平台建设取得新进展，获批设立全国首个页岩气院士专家工作站，拥有国家及市级工程技术研究中心 14 个、市级重点实验室 1 个、国家高新技术企业 25 家，高新技术产品 124 个，中国驰名商标 10 件。

### （三）城乡面貌进一步改善

完成新一轮城市总体规划修改和土地利用总体规划中期修改，“一城两区五组团”建设不断深化，新老城区协同发展，现代化城区形象初步显现，城市建成区面积和城市人口分别达到 62 平方公里和 60 万人，城镇化率提高到 64%。新城区产城融合步伐加快，城区功能不断完善，奥体中心建成投用，中央商务区、火车北站综合枢纽加快建设，一座宜居宜业、充满活力的现代化新城拔地而起。老城区优化提质成效明显，兴华中路、江南滨江路等城市干道综合改造完成，“两江四岸”滨江环湖景观带基本成形。城乡一体化建设步伐加快，重点小城镇基础设施和公共服务基本完善，场镇面貌明显改观，珍溪、蔺市、新妙跻身全国重点镇。新农村建设深入推进，建成农民新村 225 个，改造农村危旧房 1.7 万户，4 个村入选中国历史文化名村、中国传统村落。区域综合交通枢纽加快构建。龙头港全面开工建设，完成乌江涪陵段三级航道整治。新升级国省道公路 419 公里，总里程达 655 公里，里程和密度居全市前列。渝利铁路、沿江高速等“三高三铁”建成通车，涪陵全面融入国家高速路网。

### （四）要素保障能力进一步凸显

拥有独具优势的地方电网和地方气网，能源对经济发展的支撑作用显著增强。国网、地网高度融合，国家电网、聚龙电网实现互联互通，年供电量达 112.6 亿千瓦时，金子山风电项目启动实施。国家级页岩气示范区加快建设，实现产能 50 亿立方米，产量达到 30 亿立方米，占全国同期产量的 80%。金融创新加快推进，组建中银富登村镇银行、民投担保公司、渝涪农副产品电子交易中心，小额贷款、企业债券、基金投资等新型金融服务业加快发展。拥有各类金融机构 70 家，成为主城之外数量最多、门类最齐的区县，银行机构各项贷款余额达到 458 亿元。累计落实三峡后续项目 234 个，争取到位资金 32.8 亿元。新增城市建设规划用地 35 平方公里，落实用地指标 31.3 平方公里。强化人力资源保障，培育引进中高级专业技术人才和技能型人才 2 万人，吸引 6 万人返乡就业创业。

### （五）改革开放进一步深化

统筹城乡改革走在全市前列，农村人口市民化转移累计达 15 万人，培育新型农村合作组织 675 个，农村“三权”抵押融资 37.4 亿元，土地规模集中经营度达到 35.9%，蔺市—义和统筹城乡集中示范点和南沱、金科、龙潭等现代农业示范工程加快建设。成立运行西部区县首个林权交易所，累计交易达 60 万亩。国企改革、商事改革、行政审批改革、投融资体制改革深入推进，建成国家级行政服务标准化试点单位。非公经济发展迅速，累计新增市场主体 4 万户，总数达 7.8 万户，培育中小微型企业 1 万户。成功实施公交“双改”和出租车改革，开创区县公交公司化经营先河。内陆开放创新取得突破性进展，对外贸易深化拓展，成功创建国家级船舶出口基地和出口食品农产品质量安全示范区，建成涪陵出入境检验检疫技术中心，外贸进出口总额达 13 亿美元，居城市发展新区首位。区域经济合作取得重大进展，实际利用内外资累计达 1100 亿元，世界 500 强和国内 500 强企业在涪落户 24 家。

### （六）生态环境进一步改观

“蓝天、碧水、绿地、宁静、田园”环保五大行动深入实施，单位地区生产总值能耗和主要污染物排放总量得到有效控制，万元 GDP 能耗下降 17%，全面完成重庆市下达的水和大气主要污染物削减任务。治理水土流失面积 157 平方公里，新增造林面积 31 万亩，全区森林覆盖率提高到 46%。关闭小煤矿 11 个、非煤矿山 37 家、禁养区规模养殖场 233 个。城市环境不断改善，相继建成白鹤森林公园、江南滨江公园、乌江滨江公园、江东滨江公园、朱家沟湿地公园等市政公园，新增城市绿地面积 657 公顷。

### （七）社会事业发展进一步提速

优先发展教育事业，创新开展“合并、托管、合作”办学模式改革，成功创建全国义务教育发展基本均衡区。乡镇中心幼儿园基本实现全覆盖，中小学标准化建设全面推进，高考重本上线率位居全市前列。创建 2 所国家中职示范学校。成功引进重庆医科大学、上海新纪元学校、重庆巴蜀中学，新办民办教育机构 77 个，公办、民办教育共同发展的格局基本形成。医疗卫生服务体系更加健全，中心医院完成综合改造升级，区中医院完成迁建投用，标准化村

（社区）卫生服务机构实现全覆盖。医药卫生体制改革不断推进，全面推行基本药物制度，减轻群众药品费用负担5000万元，群众“看病难”“看病贵”矛盾明显缓解。文化体育事业蓬勃发展。建成主城之外首个甲级歌剧院，累计演出国内外优秀剧目200余场次。在全市率先实现乡镇、村（社区）体育场地及设施设备全覆盖。

### （八）人民生活水平进一步提高

累计新增就业13万人，城镇登记失业率连续五年控制在3%以内。城乡居民人均可支配收入达到28000元、11000元，增长66.2%、97.5%。五大民生工程和一批重大民生实事滚动实施。全面完成63个贫困村5.2万人扶贫攻坚任务，顺利实现“脱贫摘帽”。累计完成高山生态扶贫搬迁安置1.2万人，解决42.7万人饮水安全问题，建成保障性住房186万平方米。城乡养老保险、医疗保险、社会保险实现全覆盖。社会综合治理创新发展，安全生产形势稳步好转，公众安全感指数逐年提高。

## 三、涪陵协调发展的机遇与挑战

涪陵区仍处于可以大有作为的重大战略机遇期，也面临诸多矛盾叠加、风险隐患增多的严峻挑战。新时期涪陵区面临诸多机遇和有利条件，这主要表现在：一是国际国内产业、金融、能源和投资结构发生重大变化，催生新一轮科技革命和产业变革，为涪陵加速产业转型升级，构建现代产业体系提供强大动力。二是国家“四个全面”战略布局的确立，为做好各方面工作提供了总遵循、总抓手、总方略。全国经济发展进入新常态，发展动力转换步伐加快，创新驱动发展力度加大，“中国制造2025”战略深入推进，国内新一轮产业结构深刻调整，“一带一路”建设和长江经济带战略、成渝城市群战略等加快实施，有利于涪陵区乘势而上、培育经济发展新优势，全面提升开放水平。三是重庆深入实施五大功能区域战略，加快建设国家中心城市，涪陵作为城市发展新区的排头兵和重庆大都市区的重要增长支点，有利于更好发挥涪陵在城市发展新区工业化和城镇化方面的引领带动作用和重庆大都市区的战略支撑作用。四是涪陵自身处于爬坡上台阶、突破求跨越的关键阶段，产业转型步伐加快，城镇化快速发展对投资和消费的需求带动较大，内生增长动力较为充足。这主要表现在以下四个方面。

### （一）产业结构上

呈现“工业化”格局，第三产业占比下降。从较长时期观察，涪陵区国民经济三次产业结构经历了几个大的阶段：在改革的头十年，全区产业呈现出以农业为主的“一二三”的结构；从80年代末期到90年代中期，工业处于发展的起步阶段，全区产业结构转变为“三二一”，第二产业发展相对落后。从20世纪90年代中期开始，工业发展进入快速增长阶段，全区产业结构转变为“二三一”格局，第二产业的比重逐年上升，到2017年全区三次产业结构演变为6.1∶61.0∶32.9，第一产业比重持续下降，第二产业比重不断上升，第三产业比重则从39%下降到了32.9%，这一时期涪陵经济步入工业化时代，工业成为拉动GDP增长的主力军。随着近年涪陵经济增长方式的转变，现代化大城市建设步伐加快，第三产业发展逐步升温，三产迎来了一个较快发展时期，但产业结构要真正实现向“三二一”的后工业时代转变仍需经历较长的发展过程。

### （二）结构转换上

城镇化发展水平滞后于工业化发展水平。以非农产业的就业比重来衡量工业化水平，既可以反映工业化的进程，又可以克服工业化偏差带来的影响；以城镇常住人口占全区总人口的比例来衡量涪陵区城镇化水平，可得知涪陵城镇化水平明显滞后于工业化水平，且两者差距呈扩大趋势。2000 年涪陵区城镇化、工业化水平分别为 38.3% 和 45.7%，两者相差 7.4 个百分点；之后呈缩小趋势，到 2005 年两者相差 5.02 个百分点；2005 年后两者差距又开始回升，2017 年涪陵区城镇化、工业化水平分别为 67.18% 和 74.97%。

### （三）城乡关系上

农业现代化发展水平滞后于城镇化发展水平。由测算结果可知，涪陵区农业现代化发展水平与城镇化发展水平在 2000 年分别为 36.90% 和 38.30%，两者相差 1.40 个百分点；到 2017 年两者差距扩大到 24.15 个百分点。自 2000 年以来，涪陵区城乡收入差距总体上呈先扩大后缩小的趋势；2006 年，城乡居民收入差距达到 3.65 倍，接下来城乡居民收入差距开始下降，到 2017 年城乡居民收入差距达到 2.50 倍，若考虑购买力等因素，实际上差距仍然较大。2014 年，涪陵区城乡居民消费差距达 2.29 倍。与此同时，2014 年，农村居民恩格尔系数为 41.80%，同比高出城镇居民恩格尔系数 6.50 个百分点；到 2017 年，农村居民恩格尔系数为 38.3%，同比高出城镇居民恩格尔系数 4.4 个百分点。

### （四）工信关系上

信息产业基础较薄弱，信息化与工业化融合度不高。这主要表现在：①信息产业基础较为薄弱。一是信息产业体量小，涪陵区从事电子信息产业的企业少，产值总量小。2014 年，全区电子信息产值为 38.01 亿元，仅占工业总产值的 2.95%，远低于同期全市 16.72% 的平均水平；到 2017 年，涪陵区全年规模以上工业战略性新兴产业增加值比上年增长 14.0%，高技术产业增加值增长

14.4%。二是发展水平不高，涪陵区信息产业多数规模偏小，缺乏龙头企业的引领和带动。三是总体上没有形成完整的产业链，产业聚集度不高。②信息化融合程度不高。一是工业信息化程度不高。目前涪陵围绕电子信息、装备制造、化工化纤和消费品工业等支柱行业开展的智能化水平还比较低；MINI智能家居、“和4G”带您看交通、“家幼通”等现代化的信息技术产业刚刚开始引进；目前涪陵区仅有涪陵榨菜集团开发、川东船舶重工运用CAD技术、涪陵太极集团实施ERP信息工程等17家重点企业在实施“两化”融合示范工程，10户企业被确认为重庆市中小企业信息化示范企业。全区互联网用户18.51万户（户籍总户数为46.33万户），互联网普及率为40户/百户（按户籍户数计算），因此，互联网信息化普及率比较低。二是农业信息化程度很低。目前，涪陵区初步建成“一网、两平台、两系统”的农业信息系统，农信通用户为17.8万户，农业信息进村入户率为73.2%。三是智能城市才刚刚起步。涪陵区于2014年初着手建设TD－LTE基站1500个，目前无线局域网（WLAN）仅仅覆盖涪陵客运西站、两江广场、火车站等11个热点区域，其覆盖面较窄，涪陵区智能城市建设才迈出第一步。到2017年，三家基础电信企业固定互联网宽带接入用户为24.91万户，下降11.1%，互联网普及率为54.5户/百户（按户籍户数计算）。

总体上看，我们要清醒地认识到，涪陵区经济社会发展还面临诸多结构性、深层次的矛盾和挑战。这主要表现在：一是传统产业结构偏重，新兴产业规模较小，科技创新能力不足，核心竞争力不强，产业进一步优化升级面临较大压力；二是区域发展不平衡，城镇与农村，沿江与坪上、后山在发展水平和能力上存在较大差距，提高城镇化水平、推进城乡一体化发展还有很多难题需要破解；三是经济发展、城乡建设对资源、能源平衡和环境承载能力提出更高要求，节能减排、生态环境面临更多考验；四是按照现代城市发展要求，城市管理水平、社会公共服务水平、社会管理协调能力和自主创新能力面临新的考验，市民素养和城镇软实力亟待提升。新时期，涪陵区要在加快经济总量提升、推动产业做大做强的基础上，更加注重质量和效益，更加重视城乡统筹发展和社会民生事业，推动城市全面转型，着力解决涉及民生和社会事业发展的热点、难点问题，切实将发展成果更多、更好地惠及广大人民。要积极顺应人民群众过上美好生活的新期待，按照五个发展理念新要求，用改革的办法解决前进中的新问题，用创新的思路探索现代化建设的新路径。

## 四、涪陵构建协调发展体系的措施

要推进涪陵经济协调可持续发展，就必须构建协调发展体系，而要构建协调发展体系，就必须做好以下九个方面：一是合力攻坚克难，坚决打好“三大攻坚战”；二是夯实工业支柱地位，推动产业协调发展；三是进一步优化营商环境，激发各类市场主体活力；四是全力提升城市品质，增强城市综合承载能力；五是实施乡村振兴战略，加快农业农村发展步伐；六是增强集聚辐射能力，强化科教支撑和人才保障；七是积极扩大开放，打造内陆开放高地重要支点；八是做好“三篇文章”，建设山清水秀美丽之地；九是坚持以需求为导向，切实保障和改善民生。

### （一）合力攻坚克难，坚决打好“三大攻坚战”

在巩固已有成果的基础上，针对突出问题，进一步集中资源、聚焦重点、细化措施，确保高质量高标准完成年度目标任务。这要求做到以下三方面。

1. 坚决打好防范化解重大风险攻坚战

加强经济运行监测和风险预警，对经济金融风险做到早识别、早预警、早发现、早处置。持续优化地方金融生态环境，重点抓好互联网金融排查整治，严厉打击非法集资、金融诈骗等违法活动。严密防范关停并转企业风险，采取市场化、法治化措施稳妥化解相关矛盾。全力推进化存量、控增量，加强政府债务动态监管，强化预算管理硬约束，积极争取并用好地方政府债券。发扬新时代“枫桥经验”，有效化解矛盾纠纷。健全立体化信息化社会治安防控体系，深入推进扫黑除恶专项斗争。严格落实安全生产责任，加强防灾减灾救灾能力建设，持续开展大排查大整治大执法，坚决遏制各类事故发生，全面提高应急管理水平。

2. 坚决打好精准脱贫攻坚战

着力解决好影响“两不愁、三保障”的突出问题，确保减少农村贫困人口 2000 人以上。强化产业扶贫，进一步落实到村到户到人精准帮扶举措，力争每个扶贫村都有 1～2 个特色主导产业。强化金融扶贫，鼓励和引导各类金融机构加大对扶贫开发的金融支持，扩大扶贫小额信贷覆盖面。继续推进扶贫村交通、水利、网络、电力、人居环境建设，着力改善生产生活生态条件。把防止返贫摆在更加重要的位置，推进脱贫攻坚与乡村振兴相衔接、扶贫与扶志扶智相结合，确保贫困人口稳定脱贫、逐步致富。

3. 坚决打好污染防治攻坚战

深入实施“五大环保行动”，全面完成中央环保督察问题整改。认真做好“三水共治”，深入推进河（库）长制工作，扎实开展长江、乌江和次级河流污染综合整治，加快乡镇集中式饮用水水源地规范化建设，建成石沱酒井污水处理厂，启动梨香溪、油江河区内横向生态补偿试点。年内完成中化涪陵化工现址装置关闭。从严控制新增污染物排放量，确保城区环境空气质量优良天数不低于310天。加快垃圾分类处置，强化固体废物和危险废物监管。加强噪声污染整治，营造宁静舒适的城乡环境。完成第二次全国污染源普查。重拳打击各类环境违法行为，实现区级环保督察全覆盖。

### （二）夯实工业支柱地位，推动产业协调发展

以大数据智能化为引领，突出存量提质增效、增量做大做优，持续优化产业结构，提升产业竞争力，加快建设重庆重要的现代制造业基地、商贸物流中心。这要求做到以下三方面。

1. 加快提升智能化水平

大力推进数字产业化、产业数字化，推动大数据智能化为实体经济赋能。把智能产业发展作为产业转型升级的重要方向，加快培育引进大数据、人工智能等产业，充分发挥华为云计算数据中心、互爱科技园集聚效应，大力发展数字经济；推进赛华智能终端生产基地等10个智能产业项目建设，力争智能产业规模达到80亿元。把智能制造作为产业转型升级的重要路径，制定出台工业智能制造滚动计划，“点”上抓单台设备改造、推动企业“机器换人”，“线”上抓生产线升级、装备成套自动化数字化生产线，“面”上抓系统集成、建设智能工厂和数字化车间，力争新增智能工厂2个、数字化车间10个、数字化生产线100条。强力推进建筑业现代化，充分发挥智能建筑研究院、智能科技研究院技术支撑作用，投入运营钢结构基地、PC部件部品生产基地，打造工程总承包企业集群。加快发展电子商务，积极建设智慧商圈、智慧市场，重点发展垂直电商、跨境电商等新业态，加快线上线下融合发展，培育多元化电商主体。

2. 加快推动产业提质增效

提升工业园区平台载体能级，着力打造工业强区主阵地和高质

量发展增长极，力争涪陵、白涛、龙桥、清溪四大园区产值分别增长16%、17%、20%、15%。聚焦五大主导产业，加快外向型能源基地建设，突出抓好页岩气勘探开发、就地转化利用和产业链延伸，力争清洁能源产值达到310亿元。加快完善高分子新材料产业链，加快建设万凯新材料和华峰己二酸四期、差别化氨纶三期、环己醇项目，竣工投产南涪铝业增产提升项目，力争新材料产业产值达到500亿元。建成太极医药城B区提取项目，开工建设1000亩涪陵榨菜绿色智能化生产基地，力争医药食品产业产值达到390亿元。竣工投产华晨鑫源汽车生产基地二期项目，鼓励船舶企业制造高技术船舶，力争装备制造业产值达到290亿元。加快信息技术产业发展，力争产值达到50亿元。大力开展企业提升"双百"行动，精准扶持一批主业突出、核心竞争力强、成长性高的中小企业，壮大中坚企业群体规模。培优做强龙头骨干企业，力争增加百亿级企业数量。

3. 加快发展现代服务业

适应消费升级新趋势，开业运营万达广场、红星美凯龙家居生活馆，开工建设渝东国际商贸城二期、新大兴国际农产品物流园，新建一批城市末端配送网点、便民超市、农贸市场。以全域旅游为统揽，加快推动武陵山大裂谷创AAAAA级景区、816地下核工程创AAAA级景区、武陵山旅游区创国家级旅游度假区，积极推进北山文旅康养项目，完善"快旅慢游"服务体系，力争接待游客突破2000万人次，旅游综合收入增长30%以上，加快打造长江上游知名人文风景旅游目的地。积极发展现代金融业，大力推动现有基金落地运营，做强融资租赁产业，提升融资担保征信功能。引导快递业集聚发展，开工建设韵达物流基地。鼓励制造业企业分离发展服务业，大力扶持发展信息服务、科技服务、检验检测、法律会计、供应链管理等生产性服务业，推动发展健康养生、教育培训、物业管理等生活性服务业。

### （三）进一步优化营商环境，激发各类市场主体活力

围绕“巩固、增强、提升、畅通”，持续深化供给侧结构性改革，推进民营经济蓬勃发展、国有经济做强做优。这要求做到以下三方面。

1. 积极支持民营经济发展

着力破解民营企业准入、融资、降本增效、引才用工、创业、转型升级等难题，推动民营经济高质量新发展。坚持权利平等、机会平等、规则平等，对法无禁止的行业和领域，鼓励和支持民间资本进入。积极协调金融机构落实支持民营企业融资政策，进一步发挥助保贷、转贷应急周转金等资金池作用，推动实施知识价值信用贷、商业价值信用贷。认真落实各级减轻企业负担的相关要求，切实降低民营企业税费负担及用电、用气、用地、物流等成本。鼓励大型民营企业通过创新增强自身综合实力，引导中小民营企业走专业化、精细化、特色化发展之路。切实保护民营企业和企业家合法财产不受侵犯、合法经营不受干扰，增强民营企业的发展信心。

2. 积极深化国资国企改革

加快推进以“管资本”为主的监管职能转变，提高国有资本经营效益监管效率。启动太极集团混合所有制改革，探索榨菜集团等企业股权激励新模式。优化国有资本配置和发展布局，增加公共服务、重点基础设施、战略性新兴产业领域投入，调整一般市场竞争性领域布局，推动国有企业做精主业、分离辅业、转型发展。突出抓好现代国有企业制度建设，构建科学有效的法人治理结构。

3. 积极营造良好营商环境

全面落实“全渝通办”，提升行政审批服务“四办”水平。深

入推进“多证合一”“证照分离”改革，着力构建适应新形势、覆盖全过程的大市场监管体系。加快建立以“双随机、一公开”监管为基本手段、重点监管为辅助、信用监管为基础的新型监管机制。加强信用体系建设，全面落实守信联合激励和失信联合惩戒制度。推进认证机构与政府部门彻底脱钩。强化企业无小事理念，巩固服务企业“三百”行动成果，积极弘扬企业家精神，着力规范政商关系，做到亲而有界、亲而有度，清而有责、清而有为。

### （四）全力提升城市品质，增强城市综合承载能力

举全区之力加快新城区建设，优化完善老城区，让城市更加干净整洁有序、山清水秀城美、宜业宜居宜游。这要求做到以下三方面。

1. 着力优化城乡空间结构

围绕区域性中心城市定位，抓好城乡总体规划落地，扎实推进第三次国土调查工作，高水平利用“多规合一”成果，开展公共服务设施布局规划、公共交通体系完善规划研究。加强对城市空间立体性、平面协调性、风貌整体性的规划管控，编制历史文化保护传承方案，力争启动八角井传统街区更新工程。着力构建新型城镇体系，增强4个功能组团的产业发展、人口集聚和公共服务等功能。有序推进乡镇总规修改，促进城镇特色化、差异化发展。

2. 着力攻坚“两线三片一城”

突出新城区主战场地位，着力打造生态新城、科技新城、智慧新城和美丽新城。以涞滩河为纽带，强力推进高品质滨河生活带开发用地招商，加快建设涞滩河湿地公园，开展“两馆一中心”前期工作。以太白大道为主轴，串联高铁片区、中央商务区和玉屏公园片区，开工建设绿地缤纷城商业综合体、五星级酒店、启迪科技城

和轴线公园，加快建设站前大道二期、太白大道延伸线、玉屏公园。启动李渡长江大桥提升工程，加速开展石沱公轨两用长江大桥前期工作，加快形成城市道路内环、外环。建好建美老城区，持续推进城市提质减载和有机更新。加速畅通城区内部交通联系，建成通江路、插旗支路一期等项目，启动人民路、中山路综合改造。持续抓好街头绿地建设和道路绿化提升，开工建设乌江滨江公园延伸段，完成滨江环湖景观灯饰工程二期，进一步打造“两江四岸”风光带，建设独具魅力的“山城”“江城”。

3. 着力提升城市管理水平

巩固提升创文创卫成果，推动全国文明城区创建目标任务全面达标、国家卫生区创建通过终验。推进城市细管、智管、众管“三管齐下”，深入实施“马路办公”，全面落实“五长制”和“门前三包”责任制。扎实推进市容秩序专项整治，强力开展违法建设专项治理，深入实施城市生活垃圾分类处置。加快智慧城市建设，聚焦民生服务、公共产品、社会治理等领域推广智能化应用，推动“多杆合一”，实现建成区数字化管理全覆盖。大力倡导人性化管理，推广“城市管理＋治安联防”巡查一体、执法协作模式，积极开展志愿者服务等活动，强化社会责任意识、规则意识、奉献意识，实现城市管理水平和市民素质双提升。

### （五）实施乡村振兴战略，加快农业农村发展步伐

坚持农业农村优先发展，深化农业供给侧结构性改革，健全城乡融合发展机制，促进农业升级、农村进步、农民增收。这就要求做到以下三方面。

1. 大力发展特色高效农业

严格落实粮食安全行政首长责任制，稳定粮食生产。高标准推

进国家现代农业产业园创建工作，启动建设榨菜交易中心及文化科技馆，加快打造中国榨菜城，积极创建全国绿色食品原料标准化生产基地。启动建设大顺中药材特色小镇，新发展中药材种植基地3万亩。巩固提升柑橘、畜牧、蔬菜、蚕桑等地方特色产业。大力推动农产品“进城上网”，力争农产品网上零售额增长25%。深入实施质量兴农、品牌强农工程，完成“涪陵青菜头”“涪陵榨菜”国家农产品地理标志登记，新增农产品“三品一标”30个以上、市级以上名牌农产品5个以上。

2. 大力推进农业农村改革

扎实推进乡村振兴试验示范点建设，探索乡村振兴的多种实现路径。加大榨菜产业“三变”改革试点力度，探索建立以农民为主体的榨菜产业发展平台。推进市级集体林业综合改革试验示范区试点，稳步实施农业水价综合改革。全面完成农村土地承包经营权确权登记颁证，持续推进农村集体产权制度改革，新发展新型农业经营主体50个以上。深入实施农业项目财政补助资金股权化改革，推进小农户与现代农业有效联结。抓好供销社综合改革，完成强化基层社合作经济组织属性专项试点，新建基层供销社和综合服务社50个以上。深化农村金融改革，扎实开展农业政策保险，加快推进农村金融服务组织创新试点。

3. 大力改善农村人居环境

持续提升镇容村貌，开展环境卫生整洁行动，启动长江沿线江南城区至清溪段可视范围内农房违章搭建专项治理，清理整治村庄公共空间和庭院环境。全面推进农村垃圾治理，开展农村生活垃圾分类处置，建立健全生活垃圾收运处置长效机制，建成生活垃圾分类示范村10个。深化农村厕所革命，完成户厕改造1.2万户。加强农村基础设施建设，新建“四好农村路”1000公里、村组便道130

公里，完成24个行政村饮水提升工程，梯次推进农村生活污水治理，加快农村电网升级改造。

### （六）增强集聚辐射能力，强化科教支撑和人才保障

秉承科技是第一生产力、人才是第一资源理念，努力建设产学研一体、军民融合的科技创新载体，为经济社会发展提供有力支撑。这要求做到以下三方面。

1. 持续推进科技创新

全力推动国家级高新区创建，建成高新区成果展示厅、科技创新中心，高标准建设国家火炬涪陵现代中医药特色产业基地、重庆市战略性新兴服务业（科技研发）集聚示范区，着力打造“环高校创新创业生态圈”。加快创新主体培育，力争培育国家高新技术企业10户、市级科技型企业100户。加强创新创业载体打造，做强金渠国家级科技企业孵化器，积极推动稻香文化创意众创空间、互爱科技园升级为国家级众创空间和市级科技企业孵化器。加强知识产权保护，搭建“涪陵科技大市场”，促进科技成果转化，组织实施产业化科技攻关和成果转化专项10个。力争高新技术产品产值、专利产品产值分别增长20%、18%，科技进步贡献率提高到56%。

2. 持续深化产教对接

提质高等教育发展内涵，支持长江师范学院建设应用型高水平师范大学、重庆工贸职业技术学院建设重庆市优质高等职业院校。加快建设特色中职学校，推进市第二交通技校创建高级技工学校、重庆医药卫生学校和职教中心创建重庆市高水平中职学校，中职学生就业率保持在98%以上。推动职业教育与产业深度融合，加快形成与重点产业相匹配的职业教育专业体系，提升职业教育服务产业发展的能力，大力培养技能型人才和高素质劳动者，力争新增3个

市级中职骨干专业、5 个校外实训基地，职业院校专业与主要产业匹配度达到88%。

3. 持续做好人才集聚

认真落实人才引进、培养、奖励等相关政策，完善高层次人才及团队引进和培养办法，实行人才服务证制度，完善优质人才公共服务，营造“近悦远来”的人才生态，力争人才贡献率提高到37%。强化需求导向，围绕重点新兴产业、紧缺行业引进急需人才，加强大学生创业帮扶、本土人才回引、“涪陵工匠”培养、劳模创新工作室打造，力争新培育引进中、高级专业技术人才 500 人，让更多有技术和创业精神的人才扎根涪陵。

### （七）积极扩大开放，打造内陆开放高地重要支点

积极融入“一带一路”和长江经济带建设，加快建设成渝城市群区域性综合交通枢纽，有效发挥综合保税区辐射带动作用，务实推动开放合作。这要求做到以下三方面。

1. 强化交通枢纽建设

完善对外通道，梓白高速公路建成通车，基本建成渝怀铁路二线涪陵段、南两高速公路涪陵段，配合开展渝万高铁、两江新区至龙头港快速干道勘察设计，启动实施涪陵北环高速公路，加快推进白涛园区铁路专用线项目前期论证。强化区域联结，加快建设马武至龙潭一级公路、鹅颈关至涪陵西快速干道、江东至焦石公路改造工程等项目。提速打造旅游环线，完成卷大路改造工程，开通一批 A 级景区旅游专线和旅游直通车。推进港站枢纽建设，协调推进乌江航运全线通航，加快建设龙头港二期工程，投用白涛大石溪码头，开工建设清溪园区码头。积极推进全国公交都市、城乡交通运输一体化示范区创建。

2. 强化开放水平提升

精准定位、科学布局，全面完成重庆涪陵综合保税区首期基础设施建设任务，加快保税仓库、标准化厂房、围网等建设，重点发展保税加工、保税物流、保税服务，确保保税区按期封关运行，将其打造成为涪陵开放型经济发展的重要引擎。优化提升口岸功能，完善龙头港口岸基础设施和海关查验监管场所，完成黄旗港口岸功能向龙头港调整，启动申报龙头港创建国家开放口岸。实施“引进来”和“走出去”战略，大力培育一批外贸优势产业和骨干企业。

3. 强化招商引资工作

把招商引资摆在更加突出位置，加快完善招商引资组织体系、制度体系、激励体系、保障体系，由拼资源、拼优惠政策向比环境、比服务转变，由全面出击向专业化、精准化转变，由单一招商向引资、引技、引智并重转变。围绕主导产业、新兴产业，招龙头、壮集群、补链条，紧盯不放、靠前服务，进一步提高项目落地率、开工率和投产达产率。力争全年新引进投资亿元以上项目 35 个，其中：战略性新兴产业项目 15 个、大数据智能化项目 16 个；投资 10 亿元以上项目 10 个、产值 50 亿元以上项目 4 个。

## （八）做好“三篇文章”，建设山清水秀美丽之地

坚定不移走生态优先、绿色发展之路，持续改善生态环境质量，为全面建成小康社会提供生态保障。这要求做到以下三方面。

1. 加快构筑绿色屏障

持续开展国土绿化提升行动，实施新一轮退耕还林 1 万亩，建设长江防护林 1.4 万亩，新增营造林 7.5 万亩，力争森林覆盖率达到 53%。强化江河自然岸线整治，严控岸线空间开发。加快实施受损弃置地生态修复，深入开展水土流失、石漠化和库区消落带综合

治理，持续推进已关闭非煤矿山生态修复。清理整治自然保护地生态破坏和“大棚房”问题。实施“绿色长廊”示范工程，新建绿道40公里，积极打造以高速公路、国省道、铁路及能源管道沿线为重点的生态景观廊道体系。

2. 加快发展绿色产业

牢固树立“绿水青山就是金山银山”理念，推动生态优势转变为发展动能，加快建立健全以产业生态化和生态产业化为主体的生态经济体系。严格工业项目环境准入，完善环境准入负面清单，严守长江及乌江“一公里”“五公里”两条红线，推动白涛园区创建绿色园区，榨菜集团、华峰集团等企业创建绿色工厂。念好“山字经”、做好“水文章”、打好“生态牌”，发展生态农业、生态旅游、生态康养等绿色产业。完善企业环境行为信用评价制度，积极构建市场化、多元化生态补偿机制。

3. 加快建设绿色家园

积极推进国家森林城市创建，力争成功创建国家生态文明建设示范区，实施长江、乌江沿线城乡过渡地带生态修复。秉承“适用、经济、绿色、美观”理念，全面推行绿色建筑，发展装配式建筑。加大绿色文化推广宣传，大力发掘历史文化和历史遗迹中的绿色元素。大力倡导绿色出行，积极推广新能源汽车，优先发展公共交通，新增新能源公交车30辆。积极倡导文明、节约、绿色、低碳、循环的生活方式与消费模式，持续创建绿色机关、绿色家庭、绿色学校、绿色社区，让生态文化成为全社会共同的文化理念。

### （九）坚持以需求为导向，切实保障和改善民生

完善制度，守住底线，扩大公共服务供给，提高公共服务质量，努力在发展中解决群众期盼问题，满足人民对美好生活的需要。这

要求做到以下五方面。

1. 着力做好就业社保工作

把稳就业摆在更加突出的位置，重点解决好高校毕业生、农民工、退役军人等群体就业问题，确保城镇新增就业 2.3 万人。进一步扩大社会保险覆盖范围，稳步提高社会保险待遇水平。继续做好保障农民工工资支付工作，开展企业守法诚信评价，实行分类分级动态监管。持续开展农村低保专项治理，提升医疗救助实效，加大特困供养、临时救助力度，切实保障困难群众基本生活。全面落实社会救助、社会福利等政策，持续开展农村留守儿童和妇女、老年人、残疾人关爱服务行动。

2. 倾力办好重点民生实事

坚持尽力而为、量力而行，持续加大民生投入。新分配 800 套公租房、廉租房。消除新增农村“三类”贫困人员 C、D 级危房，保障农村困难群众基本居住安全。建成投用白鹤水厂，开工建设李渡二水厂。着力构建居家、社区、机构养老协调发展格局，深入推进医养结合，开工建设区社会福利院改造提升工程，加快建设乡镇敬老院、社区养老服务站、失能特困人员集中供养中心，基本实现江南城区社区养老服务站全覆盖。新建 5 个公共停车场，新增 1200 个公共停车位。

3. 聚力协调发展教育事业

坚持政府主导、社会参与、公办民办并举，严格执行开发项目配建并移交幼儿园有关规定，增加公办幼儿园供给，力争普惠性幼儿园覆盖率达到 86%。着力缓解城镇学校“大班额”现象，加快建设城八校迁建、四环路小学、涪陵十四中兴华中路校区等项目，持续推动义务教育优质均衡发展。高水平普及高中阶段教育，有序推动高考综合改革，加快建设实验中学新校。稳妥推进民办教育分类管理，探索实施负面清单制度和联合监管机制。建成涪陵教育云中心，创建智慧校园10所。

4. 致力保障人民群众健康

加快建设中心医院新城区医院，建成区人民医院住院综合楼、区妇幼保健院新院，投用区公共卫生服务中心。巩固医药卫生体制改革成果，深化完善分级诊疗，建立现代医院管理制度和规范有序的药品供应保障制度。加强基层医疗服务体系和全科医生建设。免费开展55项基本公共卫生服务，做实家庭医生签约服务。推进国家慢性病综合防控示范区创建。加强卫生监督执法，深入打击非法行医。坚持源头控制、产管并重，坚决把好群众饮食用药的每一道关口。积极承办全国国际象棋大师杯赛、全国游泳比赛等重大赛事，广泛开展全民健身活动。

5. 大力繁荣发展文化事业

强化意识形态工作，大力弘扬社会主义核心价值观。深度挖掘地方文化内涵，加强文物保护利用和文化遗产保护传承，加快推进白鹤梁题刻申遗，完成区博物馆陈列改造、陈万宝庄园四期修缮等文物工程。全面完成基层综合文化服务中心、乡村文化振兴示范点建设，力争创建两个市级乡村文化乐园。推动涪陵印刷包装产业示范园区升级为国家新闻出版产业园区。深入开展全民阅读、全民艺术普及，实施文化惠民工程，丰富群众性文化活动。

# 第四章　构建绿色发展体系

党的十九大报告指出，建设生态文明是中华民族永续发展的千年大计。坚持人与自然和谐共生，必须树立和践行绿水青山就是金山银山的理念，像对待生命一样对待生态环境，形成绿色发展方式和生活方式，建设美丽中国。我们要认真贯彻落实党的十九大精神，切实贯彻中央深入推动长江经济带发展座谈会精神、全国生态环境保护大会精神和全市深入推动长江经济带发展动员大会暨生态环境保护大会精神，全面贯彻习近平总书记对重庆提出的“两点”定位、“两地”“两高”目标、发挥“三个作用”和营造良好政治生态的重要指示要求，坚决打好“三大攻坚战”，深入落实“八项行动计划”，认真做好“三篇大文章”，深入推动长江经济带发展，加快构建绿色发展体系，建设山清水秀美丽之地，形成人与自然和谐发展的现代化建设新格局。

## 一、绿色是永续发展的必要条件

生态兴则文明兴，生态衰则文明衰。建设生态文明，关系人民福祉，关乎民族未来。党的十八大以来，以习近平同志为核心的党中央站在坚持和发展中国特色社会主义、实现中华民族伟大复兴中国梦的战略高度，把生态文明建设纳入中国特色社会主义事业“五位一体”总体布局，强调生态文明建设是关系中华民族永续发展的根本大计，坚持绿色发展理念，统筹经济社会发展和生态文明建设，绘就建设美丽中国的宏伟蓝图，形成习近平生态文明思想，深刻回答了为什么建设生态文明、建设什么样的生态文明、怎样建设生态文明等重大理论和实践问题，为新时代推进生态文明建设提供了重要遵循。这标志着我们党对中国特色社会主义规律认识的进一步深化，表明了我们党加强生态文明建设的坚定意志和坚强决心。当前，绿色发展已成为全党全社会的普遍共识，绿色发展方式和生活方式加快形成。

长江是中华民族的母亲河，是我国重要的生态屏障，也是中华民族发展的重要支撑。推动长江经济带发展，是以习近平同志为核心的党中央作出的重大决策，是关系国家发展全局的重大战略，必须从中华民族长远利益考虑，走生态优先、绿色发展之路，把修复长江生态环境摆在压倒性位置，共抓大保护、不搞大开发。重庆地处长江上游和三峡库区腹心地带，保护好三峡库区和长江母亲河，事关重庆发展大局，事关国家发展全局。习近平总书记嘱托重庆建设长江上游生态屏障，成为山清水秀美丽之地，这是对重庆的深切关怀和期望，是重庆深入推动长江经济带发展应有的责任担当。涪陵地处三峡库区腹地，位于长江上游重要生态屏障的核心区域，市委书记陈敏尔同志要求涪陵牢固树立“绿水青山就是金山银山”的理念，加大生态系统保护和修复力度，认真做好“构筑绿色屏障、发展绿色产业、建设绿色家园”三篇大文章，在重庆建设山清水秀美丽之地中有更大担当、作出更大贡献。这是涪陵应有的政治责任和历史担当，是全区 116 万人民群众的深切期盼。

落实好习近平总书记的殷殷嘱托和市委的殷切期望，深入推进长江经济带发展、加快构建绿色发展体系，建设山清水秀美丽之地，责任重大、使命光荣。当前，全区经济社会建设正处于发展转型、效率提升、动能转换的关键期，生态文明建设也处于压力叠加、负重前行的关键期，提供更多优质生态产品以满足人民日益增长的优美生态环境需要的攻坚期，也到了有条件有能力解决生态环境突出问题的窗口期。深入推动长江经济带发展、加快构建绿色发展体系，建设山清水秀美丽之地，把长江经济带建设成为生态更优美、交通更顺畅、经济更协调、市场更统一、机制更科学的黄金经济带，有利于让涪陵城乡自然资本加快增值，使绿水青山变成金山银山，推动高质量发展。要把生态环境保护放在更加突出的位置，像保护眼睛一样保护生态环境，像对待生命一样对待生态环境，有利于为人民群众提供更多优质生态产品，满足人民群众日益增长的优美生态环境需要，为全区人民创造高品质生活。深入推动长江经济带发展、加快构建绿色发展体系，建设山清水秀美丽之地，不走违背自然规律、破坏生态环境的邪路，有利于彻底肃清流毒，正本清源、扶正祛邪。广大党员干部必须增强“四个意识”，提高政治站位、明确战略定位，坚决落实党中央、国务院和市委、市政府决策部署，从全局谋划一域、以一域服务全局，强化“上游意识”，担起“上游责任”，体现“上游水平”。

## 二、涪陵绿色发展取得的成绩

### （一）生态系统保护切实有效

近年来，涪陵区始终牢固树立“绿水青山就是金山银山”理念，以“共抓大保护，不搞大开发”为原则，以实现“山清水秀美丽之地”为目标，全力做好“绿色屏障”“绿色产业”“绿色家园”三篇文章。目前，已完成大木山市级自然保护区、江东桫椤县级自然保护区、武陵山国家森林公园、乌江森林公园、太极森林公园等自然保护地总体规划编制（修编）报批；全面启动了国家森林城市创建工作，完成重庆市下达的各类营造林任务12.5万亩，其中森林抚育3.2万亩，退耕还林造林4万亩，天保封山育林0.8万亩，宜林荒山及无立木林地造林1.4万亩，农村“四旁”植树0.3万亩，特色经济林改造2.8万亩，全区森林覆盖率达45.17%；围绕生态宜居城市建设，扎实推进城市绿化提升，北山公园、插旗山公园、铜鼓湖湿地公园等一批城市公园和社区公园建成开园。完成城区闲置地绿化67亩，城区立体绿化16处1.35万平方米，边坡绿化4.5万平方米，涪陵高速路出入口及连接道景观增加15万平方米，城市道路景观绿化9.6公里，城市建成区绿化率达44.72%，人均公园绿地面积达12.36平方米/人；划定并严守生态保护红线233.23平方公里，生态保护红线管控面积占区域总面积比例为7.92%，生态保护红线区域严格按照禁止开发区域的要求进行管理，严禁不符合主体功能定位的各类开发活动，同时将生态保护红线作为空间规划编制的重要基础，发挥生态保护红线对于国土空间开发的底线作用；强化水域、滩涂等湿地保护，全区湿地面积保有量稳定在13568.78公顷；全面启动已关闭非煤矿山生态修复工作，完成荔枝街道泰乙、泽胜和白涛街道明茂3家关闭矿山地质环境治理恢复和复垦，治理面积达33.47公顷；全年完成水土流失治理面积28平方公里，完成1.3万亩高效节水灌溉任务。

### （二）城乡环境质量持续改善

打好污染防治攻坚战，扎实推动“碧水、蓝天、绿地、田园、宁静”五大环保行动，突出环境问题得到有效解决。2018年全区空气优良天数达333天，同比增加22天，占总监测天数的91.2%，其中空气质量达优的天数115天，同比增加6天，主要污染物PM2.5、

PM10、氮氧化物浓度分别为37微克/立方米、59微克/立方米、36微克/立方米，分别比上年同期下降15.9%、16.9%、5.3%。长江清溪场、乌江麻柳嘴、碧溪河百汇等3个断面水质全部达到或优于Ⅲ类，城区饮用水源水质达标率100%，乡镇集中式饮用水水源水质达标率88%。全年未发生较大及以上环境污染事件，全区生态环境风险得到有效防范，生态环境安全得到有效保障。

### （三）绿色发展水平不断提升

经济发展新旧动能转换取得实质性进展，以大数据智能化为引领，发展创新绿色循环低碳产业，基本构建起以产业生态化和生态产业化为主体的生态经济体系，经济绿色化、智能化、田园化、特色化程度稳步提高，资源节约集约利用，城乡自然资本加快增长，产业高质量发展之美更显成色。近年来，区政府先后印发《重庆市涪陵区利用综合标准依法依规推动落后产能退出工作实施方案》《关于健全利用综合标准依法依规推动落后钢铁产能退出长效机制，进一步严防“地条钢”死灰复燃的工作通知》《重庆市涪陵区化工行业淘汰落后产能推动化工企业搬迁入园工作方案》《涪陵区以大数据智能化引领的创新驱动发展战略行动方案（2018—2020年）》等文件，通过化解过剩产能，推进绿色制造和“两化”融合，强化科技创新等系列手段，开展工业节能监察行动和绿色工厂创建，大力发展数字经济，有效推动了落后产能淘汰及产业结构转型升级，全区经济绿色发展水平得到不断提升。

### （四）多方联动格局逐步构建

持续深入推进“四城同创”工作，始终坚持立足自身资源、区域、政策、环境等优势条件，强化区域、流域互联互通和协作，通过采取厚植对外开放平台、完善开放口岸功能、加快开放产业集聚等措施扩大对外开放水平，区域、流域上下游互联互通、优势互补进一步增强，全民参与的生态文化氛围逐步形成。

### （五）生态文明体系基本形成

深入推进生态文明体制改革，生态文明主流价值观在全社会得到推行，践行绿色生活方式和生产方式逐步成为社会自觉。紧紧围绕构建生态经济体系、落实生态目标责任体系、完善生态文明制度体系、保障生态安全体系、发展生态文化体系目标，严格落实“源头严防、过程严管、后果严惩”制度，制定并组织实施了《关于贯彻落实〈市委市政府关于深入推动长江经济带发展加快建设山清水秀美丽之地的意见〉的实施意见》《重庆市涪陵区构筑绿色屏障三年实施方案（2018—2020年）》《重庆市涪陵区发展绿色产业三年实施方案（2018—2020年）》《重庆市涪陵区建设绿色家园三年实施方案（2018—2020年）》《涪陵区贯彻落实水污染防治行动计划实施方案》《涪陵区土壤污染防治行动计划工作方案》《重庆市涪陵区污染防治攻坚战实施方案（2018—2020年）》《重庆市涪陵区环境保护工作责任规定（试行）》《重庆市涪陵区生态环境损害赔偿制度改革实施方案》《涪陵区生态司法修复实施办法》《涪陵区生态司法修复基地管理办法》《涪陵区生态司法修复基金使用管理办法》《重庆市涪陵区空气重污染天气应急预案》《长江三峡库区涪陵流域突发水环境污染事件应急预案》等方案、制度。目前，全区已构建起“源头严控、过程严管、后果严惩”的生态文明制度体系和生态安全体系，生态文明建设走上制度化、法治化轨道，提升了生态治理体系和治理能力现代化水平。

## 三、涪陵绿色发展存在的问题

### （一）生态建设仍需加强

全区森林覆盖率为46%，森林资源总量不足，分布不均，森林生态系统保护与建设压力较大；全区25度坡耕地占农耕地总面积的7.2%，退耕还林任务艰巨；水土流失面积占土地总面积的60.37%，石漠化、开发建设活动造成的生态破坏较为突出，地质灾害比较频繁；生态空间、生物多样性保护仍然脆弱，严守生态保护红线压力大。

### （二）环境保护形势依然严峻

涪陵城区地理位置特殊，静风频率高，大气污染物不易扩散，重化工企业废气排放、秸秆燃烧及日益增加的机动车尾气排放等导致空气中二氧化硫、PM2.5超标，治理难度较大；全区重点河流流域基本都受到工业废水和生活污水排放、榨菜浸渍盐水排放、畜禽养殖粪污排放及农药化肥等污染源污染，导致流域内部分水体氨氮、总磷、类大肠菌群等超标，水源安全面临挑战；全区沿江重点化工企业环境风险源量大面广，三峡库区水环境风险防控难度大；矿山企业渣场治理不到位、废弃矿山恢复不及时、酸雨（年均22%）及重金属污染（铬超标）威胁土壤质量安全；城镇生活垃圾分类未开展、处理方式落后导致生活废弃物处理压力增大；噪声扰民投诉量仍处于高位；畜禽养殖和农业面源污染形势严峻；挥发性有机物（VOCs）、臭气、电磁辐射等新出现的环境问题未引起足够重视。

### （三）制度体系有待健全

生态文明法治体系、制度体系、执法监管体系和治理能力体系仍不健全，吸引社会资本进入生态环境治理领域的体制、机制和政策措施仍不明晰，全民参与生态文明建设的动员机制、激励机制有待完善，生态文明体制改革亟待进一步深入推进。

### （四）条件保障不够完善

生态环境专业人才队伍薄弱，具有绿色发展理念管理人才及技术人才缺乏；生态环境建设资金投入不到位，不能支撑现代化生态环境保护、监管、治理体系建设；生态环境基础设施不完善，绿色环保经济的生产、办公、生活方式普及度不高；发展绿色、循环经济技术落后，生态环境对工业的正面激励效应不明显。

### （五）制造业转型升级步伐不快，新兴产业成长缓慢

制造业转型升级仍然处于“爬坡过坎”的量变积累阶段。在有效需求不足、核心竞争力缺乏、产能过剩矛盾突出、要素成本上涨、市场竞争加剧的背景下，制造业整体盈利水平持续下降，且由于经济放缓、成本上升及国内外市场风险与技术不确定性所带来的巨大阻力，制造业转型升级的进程异常艰难。传统支撑行业如船舶、石化、建材等产业高速扩张期已过，短期内又难以找到体量相当、带动力相近的新兴产业板块替代。

### （六）重化工业占比较大，能耗、碳排放约束进一步趋紧

涪陵处于工业化中后期，产业结构偏重，尤其是资源能源消耗型重化工业比重偏大，主要产业部门能耗需求持续增长。《国务院印发“十三五”控制温室气体排放工作方案》主要目标显示，到2020年，单位国内生产总值二氧化碳排放比2015年下降18%，表明碳排放约束进一步趋紧。未来涪陵经济要保持中高速增长，如果产业结构和发展方式不发生积极转变，将难以满足经济增长的需要。

### （七）沿江重化企业布局不合理，环境风险较大

污染物排放总量较大，水环境质量不容乐观。涪陵长江、乌江两江沿线重化工企业排放的污染物总量较大，工业园区污水处理设施不配套，大部分企业废水都是经自建污水处理设施处理后直接排放，且部分企业污染处理设施没有正常运行，环境污染风险较大。

## 四、涪陵构建绿色发展体系的措施

### （一）强化自然生态修复和环境保护，着力构筑绿色屏障

坚持从生态系统整体性和长江流域系统性着眼，统筹山水林田湖草等生态要素，实施好生态修复和环境保护工程。聚焦群众反映强烈的大气、水、土壤污染等突出环境问题，深入实施专项环境质量提升行动，不断提升污染防治水平，确保打赢污染防治攻坚战。

1. 优化生态空间格局

强化总体谋划，构建以长江、乌江两大流域和武陵山、黄草山、木鱼山、大梁子山四大山系为骨架，以重点生态功能区域为支撑，以点状分布的禁止开发区域为重点，以交通廊道、城市绿地为补充的“两廊一环”生态空间格局，构筑保障全区生态安全的主体区域和国土空间保护与开发的绿色本底。

着力保护好长江、乌江绿色生态走廊和环武陵山、大梁子山、木鱼山、黄草山生态带，维护城市绿色生态空间。加强自然保护区、风景名胜区、森林公园等保护，一体化治理好城乡居民生活污染，提高区域发展生态环境容量。

加强生态系统保护与修复，以山清水秀、林密田肥、湖青草绿为目标，大力实施森林、湿地、农田等生态系统修复，加强地质灾

害、水土流失、矿山环境、石漠化、消落带和农业面源污染综合治理，确保生态环境只能优化，不能恶化。

加强生物多样性就地、迁地保护，开展自然保护区规范化建设，建立较为完善的生物多样性保护体系。开展生物多样性调查、监测和评估，建立生物多样性数据库和信息平台，构建生物多样性监测网络，初步形成天地一体化的生物多样性检测技术体系。加快生物多样性恢复技术和模式推广，针对桫椤、黑桫椤、金毛狗等珍稀濒危动植物，开展种源保存、人工繁育和野外回归工作。强化武陵山、大木山等自然保护区建设和管理，完善保护网络体系。到 2020 年，大木山市级自然保护区管护能力基本达到国家标准。强化湿地资源保护，到 2020 年，湿地面积保持不少于 20 万亩，湿地保护率不低于 50%。

2. 保护好三峡库区和长江母亲河

把修复长江生态环境摆在压倒性位置，以持续改善长江水质为中心，以河畅、水清、岸绿、景美为目标，扎实推进水污染治理、水生态修复、水资源保护“三水共治”，加强乌江、黎香溪、渠溪河等重要支流水环境综合治理力度，确保长江涪陵段水质达到优良状态。突出生态修复，深入推进三峡后续工作。加强沿江森林保护和生态修复，实施好长江、乌江防护林体系建设、退耕还林还草、水土保持、河湖和湿地生态保护修复等工程，建设库周绿带，增强水源涵养、水土保持等生态功能。实施三峡库区消落带治理，实施湿地综合利用和示范工程。实施长江岸线整治保护工程，合理划分岸线功能，把水安全、防洪、治污、港岸、交通、景观等融为一体，有效保护和有序利用长江岸线资源。

改造或取缔岸线污染企业，彻底根除水污染隐患。加强沿江工业布局管控，坚决禁止在长江干流及主要支流岸线 1 公里范围内新建重化工、纺织、造纸等存在污染风险的工业项目，以及在5公里范围内新布局工业园区。到2020年，长江干流及主要支流岸线1公里范围内有污染的企业，以及未入合规园区的化工企业、危化企业、重点风险源全部“清零”。

禁止在三峡库区消落带从事畜禽养殖等污染水体的行为。加大对非法码头、非法采砂采矿、非法餐饮船舶的整治力度。强化水资源保护。加强供水工程建设，不断完善以长江、乌江等大江大河提水为主的城市供水保障体系和以中小型蓄引提水工程为主的农村安全饮水保障体系。到2020年，城市集中式饮用水源水质达标率100%，乡镇集中式饮用水源水质达标率86%。

加强防洪工程建设管理，开展长江干支流及重点山洪沟防洪治理，加强堤防护岸建设，提升防洪安全系数。到2020年，城市防洪达标率不低于93%，乡镇防洪达标率不低于90%。严格控制水资源“红线”，加强水资源开发利用控制红线、用水效率控制红线和水功能区限制纳污红线等“三条红线”管理，切实提高水资源管理利用水平。严格河道管理，落实河道管理法规和标准体系，完善和严格执行河道保护和利用规划，充分发挥河道综合效益。

全面实施国家节水行动，完善水资源承载能力监测预警机制，加强高耗水行业用水定额管理，严格控制高耗水项目建设，全面推进农业、工业和城镇节水，加快节水型社会建设。到2020年，全区用水总量控制在6.19亿立方米以内。

3. 推进全域国土绿化

开展大规模国土绿化行动，保护与修复森林生态系统，坚持守住存量、扩大增量、提升质量，努力实现应绿尽绿、宜绿则绿，积极创建国家森林城市。到2020年，森林覆盖率达到51%以上。加大植树造林力度，在25度以上坡耕地和15～25度非基本农田坡耕地实施新一轮退耕还林，推进长江防护林三期、天然林资源保护等重点工程，建设好滨江景观林带、中山产业林带、高山生态林带。三年营造林27万亩，森林蓄积量达到870万立方米。

积极推广以厚朴为代表的乔木型中药材种植。争取全市山水林田湖草生态保护修复工程试点。加强生态退化区保护和建设，推进水土流失治理，科学修复生态敏感区、脆弱区、退化区。到2020年，新增水土流失治理面积84平方公里。加快山体修复，统筹优化碎石矿山布局，开展矿山地质环境治理恢复，自然保护区内矿产开发项目全部退出，矿山恢复治理面积达90公顷。结合实施乡村振兴战略，全面开展农村林旁、水旁、路旁、宅旁植树，形成“绿带、绿廊、绿楔、绿心”等城乡绿化结构。推进森林培育由单一绿化向整体绿化与美化、高效化转变。坚持集约节约使用林地，强化林地使用管理和执法。

4. 打好污染防治攻坚战

围绕大气、水、土壤污染等群众反映强烈的突出环境问题，深入实施专项环境质量提升行动，不断提升污染防治水平。打好水污染防治攻坚战。坚持溯源倒逼、系统治理，全面深化“四治一保”措施，持续改善全区水环境质量，还给老百姓清水绿岸、鱼翔浅底的景象。狠抓工业污染治理，防止“十一小”企业死灰复燃，巩固“十一大”行业污染整治成果，突出整治“小散乱”工业企业污染，集中治理工业聚集区水污染。

强化城乡生活污染治理，加快推进污水处理设施新改扩建及提标改造，完善城乡污水管网，实施雨污分流，推进污泥无害化处置等工程。到2020年，城区生活污水集中处理率达到95%。加强农业农村污染防治，扎实推进化肥农药减量行动，着力推进畜禽和水产养殖污染物防治，实施畜禽养殖废弃物资源化利用。到2020年，畜禽养殖废弃物综合利用率达到75%以上。

加强入河排污口检测体系建设，联动实施断面数值监测预警。深化重点流域、重点区域水污染防治，全面深入推进河长制、库长制，实现“一河一长”“一河一策”“一河一档”，运用大数据智能化等现代手段提高管理水平，做到履河长之责、行河长之实、管河长之用。

打好大气污染防治攻坚战。以空气质量明显改善为刚性要求，坚持全民共治、源头防治，突出加强工业、燃煤、机动车“三大污染源”治理，强化“四控一增”措施，坚决打赢蓝天保卫战，还老百姓蓝天白云、繁星闪烁。到2020年，环境空气质量优良天数稳定在310天以上，细颗粒物（PM2.5）年均浓度低于40微克/立方米。

坚持“车油路企”统筹，加强交通污染控制，打好柴油货车污染治理攻坚战，调整运输结构，加快推进油品提升，推广新能源汽车，倡导绿色出行。加强扬尘污染控制，加大道路冲洗、清扫保洁和养护力度，控制施工扬尘、建筑渣土消纳场扬尘和生产经营中的扬尘、粉尘、烟尘，遮盖或绿化城市裸露土地。

加强工业污染控制，严格节能环保准入，加强落后产能淘汰和污染企业搬迁，推进错峰生产和清洁生产，强化重点行业和散乱企业污染治理。加强生活污染控制，减少公共机构食堂和餐饮业油烟扰民污染，巩固和扩大高污染燃料禁燃区，推广使用低挥发性有机物新产品，城区禁止燃放烟花爆竹，限定烟花爆竹消费，控制农业领域氨污染。到2020年，城镇生活垃圾无害化处理率达到98%。增强监管能力，加强空气质量预警预控，建立污染源动态监管平台。

打好土壤污染防治攻坚战。突出重点区域、行业和污染物，强化“一查三治”措施，做好土壤污染管控和修复，确保全区土壤环境质量总体稳定，农用地和建设用地土壤环境安全得到初步保障，土壤环境保护体系基本建成，让老百姓吃得放心、住得安心。开展土壤环境质量状况详查，实现全区土壤环境质量监测点位全覆盖。推动农用地土壤污染防治，实施分级分类管理，划定重金属高背景区，加强农业生产过程监管。加强建设用地土壤污染防治，加强工矿企业源头预防和工业生产过程污染控制，规范污染地块治理修复过程，深化重金属污染防治。

强化固体废物污染防治，推进危险废物和一般工业固体废物利用处置设施建设，加强危险废物全生命周期管控，推进尾矿库及渣场整治。构建城乡一体的生活垃圾收运处置系统，提高城乡生活垃圾收运率。到2020年，受污染耕地安全利用率达到95%左右，污染地块安全利用率达到95%，重点重金属排放总量完成重庆市下达目标。

## （二）加快经济发展动能转换，大力发展绿色产业

着力解决产业发展传统粗放、高耗能高污染比重大等突出问题，扎实推进供给侧结构性改革，破除旧动能，培育新动能，彻底摒弃以投资和要素投入为主导的老路，促进资源集约节约高效循环利用，推进产业生态化、生态产业化，实现腾笼换鸟、凤凰涅槃。

### 1. 大力培育新兴产业

落实以大数据智能化为引领的创新驱动发展战略行动计划，充分利用开放优势和创新资源，因地制宜发展技术含量高、就业容量大、环境质量高的新兴产业，提高经济发展绿色化程度。

加快发展新能源、高端装备制造、新材料、新一代信息技术、生物医药、节能环保六大新兴产业，着力在页岩气产输及装备制造、新能源汽车和智能汽车、智能制造装备、智能硬件、节能环保材料、高分子材料、生物制药、生物工程等领域取得技术突破和产业竞争

优势。到2020年，建成成渝城市群和全市重要的先进制造业基地，打造高端装备制造和新材料500亿元产业集群，新能源、新一代信息技术和生物医药300亿元产业集群，建设千亿级国家高新区、500亿元市级经开区，培育百亿级龙头企业6个。

着力培育新型金融、现代物流及电子商务、文化旅游及康养、科技和信息服务四大新兴服务业。集聚银行、证券、信托、保险、租赁等金融业态，加快推进金融创新，推广应用先进科技金融。

充分发挥龙头港核心港口和区域综合交通枢纽功能，大力发展通道经济，进一步完善物流园区保税、仓储、分拨、集散、增值服务等综合功能，积极争取设立粮油、肉类、汽车等指定口岸。到2020年，全区港口货物吞吐量达到4000万吨，培育第三方物流企业5家。

打造电商集聚示范区，重点发展垂直电商、跨境电商等新业态，加快线上线下融合发展，培育多元化电商主体，实现“买全球”和“卖全球”。

全力打造旅游业发展升级版，围绕展示涪陵浑然天成自然之美和悠久厚重人文之美，推动全域旅游发展，提升武陵山旅游区、白鹤梁、816地下核工程等一批核心旅游度假区和精品景区品质，建设长江上游知名人文风景旅游目的地。提高旅游业科技水平、文化内涵、绿色含量，展现“诗”和“远方”的结合，让人民获得审美上、心灵上、精神上的享受。到2020年，接待国内外游客达到2200万人次，旅游收入突破200亿元。

围绕创新链构建服务链，发展系统集成、增值网络服务、数据库服务、咨询服务等信息服务业，壮大研发设计、技术转移、创业孵化、知识产权等科技服务业，打造数字经济高地。

大力发展特色效益农业。扎实推进农业供给侧结构性改革，转变农业发展方式，念好“山字经”，种好“摇钱树”，做好“水文章”，用好特色牌，以产业设施化、规模化、标准化、生态化为重点，围绕种植、生产、加工、物流、供应全环节，大力发展榨菜、中药材两大百亿级特色产业链，推动农村第一、第二、第三产业融合发展。

2. 加快产业转型升级

优化升级传统制造业。运用互联网、大数据、人工智能等新技术推进传统产业智能化、清洁化、集约化改造，支持和鼓励汽车、化工、医药、食品、能源、建材等传统优势产业进行技术转型和商业模式转型，延伸和拉长产业链条，推动乘用车、商用车、特种船舶、输变电设备、中成药、化纤纺织等重点产品向高端化、高新化发展。

引导企业加大研发投入，整合优势资源，激发企业活力。强化质量、环保、能耗、安全等约束，以壮士断腕、刮骨疗伤的决心，化解过剩产能、淘汰落后产能。推动服务业“绿色化”发展。以精细化、便利化、差异化、精品化为方向，推动商贸服务、商务咨询、餐饮住宿等集群集聚发展。提档升级城市核心商圈，大力发展专业市场和特色街区，积极发展房地产、家政服务、健康咨询、文化体育等生活性服务业，提高居民生活水平。

提升传统农业发展水平。积极发展油茶、竹笋、茶叶、花卉及林下经济、特色畜禽、水产等优势产业，加强农产品“三品一标”认证力度和著名、驰名商标的争创力度。到2020年，规模以上农产品加工企业100%通过QS、ISO等体系认证，农产品加工业产值突破300亿元，“三品一标”总数达200个以上。

着力推动建筑产业现代化。加快建设建筑产业现代化示范区，推进“两院两基地”建设，大力开展装配式建筑示范工程。到2020

年，装配式建筑占新建建筑面积比例达到15%。

3. 发展绿色低碳循环经济

推行绿色生产方式，实施循环发展引领计划，推行企业循环式生产、产业循环式组合、园区循环式改造，减少单位产出物质消耗。大力发展循环型工业、循环型服务业、循环型农业，开展试点示范行动，推动实现生产、流通、消费各环节绿色化、低碳化、循环化，建立健全绿色低碳循环发展的经济体系。完善再生资源回收体系，推进秸秆等农林废弃物以及建筑垃圾、餐厨废弃物资源化利用。

4. 实施绿色产业提升六大行动

实施招商引资专项行动，大力开展中介招商、专业招商，加快引进和实施一批扩链、补链、强链的关键项目，把链条做长、规模做大，到2020年，实现绿色产业招商引资累计突破600亿元。

实施创新能力提升行动，积极鼓励企业建设各类创新平台，强化企业自主创新能力，到2020年，建成市级以上研发机构70家，企业孵化器、众创空间等新型孵化载体达到30家以上。

实施优势品牌打造行动，大力推广涪陵榨菜、中药材、白茶等优质特色产品，提升优势品牌影响力。

实施绿色企业培育行动，加快培育一批关联度大、绿色意识突出、创新能力和带动能力强的企业，到2020年，培育绿色企业50家。

实施高端人才引进行动，采用聘请咨询、讲学、技术合作、兼职、短期聘用、承担项目与课题研究等灵活方式引智，到2020年，从海内外引进和培养10个掌握先进创新成果、拥有自主知识产权、产业化前景广阔的创新创业团队，200名高层次人才。

实施产业平台升级行动，推进涪陵区市级高新技术产业开发区创建国家级高新技术产业开发区，推动龙头港升格为国家开放口岸，加快创建武陵山国家级旅游度假区、涪陵综合保税区，加快推进和创建科技研发、现代物流等一批市级战略性新兴服务业集聚示范区。

5. 推动城乡自然资本加快增值

建立自然资源资产产权制度，对水体、森林、山岭、荒地、滩涂等自然生态空间进行统一确权登记，建立权责明确的自然资源产权体系。推进生态资源产业化，培育壮大生态旅游、生态康养、林产品加工等产业。构建自然资源产品进入市场交易的渠道，增加农民财产性收入，充分发挥自然资源在深化脱贫攻坚中的作用。建立自然资源存量及变化统计台账，积极推动领导干部自然资源资产离任审计。

### （三）营造宜居宜业环境，加快建设绿色家园

尊重城乡发展规律，强化城乡一体规划建设，坚持走以人为本、布局优化、城乡互动、产城融合、生态文明、文化传承的新型城镇化道路，突出城市提升和乡村振兴工作重点，提升城市管理与供给效率，全面增强城市综合承载能力和可持续发展能力，加快建设具有发展活力、人文魅力、生态智慧、开放包容、现代时尚的区域性中心城市，使涪陵成为山水、田园、城镇、乡村各美其美、美美与共的绿色美丽家园。

1. 提升城市品质

坚持生产空间集约高效、生活空间宜居适度、生态空间山清水秀，融山水于城市之中，嵌城市于山水之间，实现绿不断线、景不断链、四季有绿、生态循环，建成路在林中、林在城中、蓝绿交织、河湖相通的生态园林城市。实施好新一轮城乡总体规划和土地利用总体规划，优化城镇体系和城乡空间布局。提升城市设计理念，强化城市建设精品意识，传承巴渝特色，注入现代元素，体现人文精

神，促进建筑风格整体协调，彰显山水园林风貌。

加强城区重点地段、重点区域城市设计和标志性建筑设计，做好城市高度分区、密度分区、天际线控制。推动新老城区协调发展。树立“精明增长”“紧凑城市”理念，合理有序拓展发展空间，优化生产力布局，以新区拓展带动老城有机更新。突出以产兴城、以城促产，着力培育一批高端产业集群，加快完善新城区各项城市功能，建设生态、智慧、产城融合的现代化新区。加强老城区功能疏解，有序推进老城区优质医疗、教育等公共服务资源向新城区延伸覆盖。推进内畅外联，坚持公交优先发展战略，改善城市交通管理，提升路网通行能力，实现各种交通方式有效衔接，提升城市通透性和微循环能力。

秉承“山中有林、林中有城”的理念，大力开展城市生态修复和城市修补工作，实施城市增花添彩、增绿添园等行动，推进“两江四岸”生态及游憩功能建设，打造环境优美的城市景观带、风景线和观景阳台，每年新增城市绿地20万平方米，实现市民出行300米见绿、500米入园。到2020年，城市建成区绿化率达到45%。加快海绵城市建设，着力构建疏密有度、错落有致、显山露水的空间形态。

要下“绣花”功夫，提升城市管理水平。加快建设智慧城市，积极推广应用大数据、云计算、物联网等现代技术，大力发展智慧交通、智慧城管、智慧社区等，提升城市管理运行智能化水平，着力构建数字化城市新模式。推进垃圾分类配套设施建设，对城市生活垃圾实施分类管理，生活垃圾回收利用率超过35%。到2020年，城市规模和城市空间不断拓展，城市功能加快完善，常住人口城镇化率达到70%以上。

2. 打造特色小城镇

坚持示范带动、循序渐进、因地制宜，重点在产业基础好、文化民俗保护好、自然资源丰富的乡镇中选择一批进行试点示范，培育一批产业合理、人口集聚、功能完善、管理规范的旅游休闲、健康疗养、文化民俗型特色小镇。

推动示范引领。突出生态绿色重点，择优选择一批产业特色鲜明、旅游资源富集、服务功能完善的乡镇，完善规划、充实项目，建设国家级和市级特色小城镇示范镇。推动“一镇一规”。按照宜工则工、宜旅则旅、宜商则商的原则，充分利用现有环境优势和存量资源，合理规划产业和生活空间。

推动业韵融合。按照人口集中、产业集聚、要素集约、功能集成的要求，重点培育一批具有自然、建筑、产业、人文等特色资源的小城镇，形成“一镇一景、一镇一业、一镇一韵”的差异化发展格局。凸显城镇的“韵”，推动生态和产业融合、绿化和居住融合，将民俗、历史人文、自然风貌和镇域建设有机整合。

3. 建设美丽宜居乡村

加快建成产业兴旺、生态宜居、乡风文明、治理有效、生活富裕的大美乡村，让农村成为安居乐业的美丽家园。强化乡村振兴的规划引领，把城市作为带动乡村振兴的核心点，把小城镇作为乡村振兴的联结点，把村庄作为乡村振兴的关键点，统筹城乡产业发展、人口布局、公共服务、土地利用、生态保护和乡村建设规划，促进城乡融合，守住绿水青山，留住最美乡愁。

推动城乡基础设施共建共享互联互通。全面推进“四好农村路”建设，建设农村小康路2500公里。到2020年，村民小组通达率、通畅率分别提高到100%、80%。持续推进城乡供水一体化，加快建设杨家湾、双江、黑塘、殷家沟等水库，全面完成小二型病险水库整治任务，新建农村饮水提升工程56个，农村集中供水率、自来水入户率和合格率分别提高到90%、85%、80%。新建一批移动通信基站，加快实现农村自然村4G网络全覆盖。

加快新一轮农网升级改造，推动农村光纤网络建设。持续开展农村人居环境整治行动。开展农村生活垃圾治理，加快农村垃圾收运系统建设，实现行政村垃圾处理全覆盖，农村生活垃圾有效处置率提高到98%。推进农村生活污水治理，全面完成建制乡镇二级、三级污水管网建设，乡镇污水收集处理率达到85%，农村生活污水集中处理率达到70%。实施农村“厕所革命”，改造农户卫生厕所3.5万户。梯次加快补齐农村人居环境突出短板，为老百姓留住鸟语花香的田园风光。

大力创建绿色城镇、绿色新村和生态文化村，保护乡土自然景观和特色文化村落，改造提升农村住房，精心建设一批体现历史文化传统、与山水和谐相融的农民新村。强化耕地数量、质量、生态保护，拓展地票的生态保护功能，加快推动休耕轮作和污染耕地修复治理，推动土地整治与乡村振兴、区域协调、脱贫攻坚有机结合。到2020年，创建绿色城镇10个、绿色新村40个、生态文化村30个。

4. 彰显人文之美

弘扬人文精神，增强城市文化软实力。提升文化自然遗产保护利用水平，处理好保护和建设的关系，构建点、线、面结合的历史文化保护体系。加强文化传承与创新，重点修缮以白鹤梁、点易洞、周煌墓、巴王陵为代表的古遗存，培育和发掘巴枳文化、易理文化体系和精髓，形成巴国故都、易理之源所独有的文化内涵。

塑造新型城市文化。吸收国内外先进文化元素，赋予涪陵城市文化新的时代内涵和现代表达形式，大力发扬“团结求实、文明诚信、艰苦创业、不甘人后”的涪陵精神，打造开放、包容、多元的城市文化体系。做好文化遗产活化利用，开展濒非物质文化遗产项目抢救工作，建立非物质文化遗产传承人动态信息库。

以榨菜文化等为重点，强化文化品牌输出。加强以文化遗产资源为依托的文化创意产品研发，发展文创产业，积极推动文旅融合。挖掘保护利用好乡村文化资源，活化和传承乡村非物质文化遗产，实施文化惠民工程，全面促进乡村文化繁荣发展。

大力营造“行千里、致广大”浓厚人文氛围。培育绿色文化，倡导简约适度、绿色低碳的生活方式，反对奢侈浪费和不合理消费，使生态文化成为全社会共同的文化理念，让尊重自然、顺应自然、保护自然在全社会蔚然成风。推进文明城区、文明村镇、文明单位建设，营造健康向上的城市人文环境。

### （四）深化生态文明体制改革，健全完善绿色发展机制

着力消除体制机制障碍，加快生态文明体制改革步伐，创新和完善绿色发展制度机制，有效防范生态环境风险，引导、规范和约束各类开发、利用、保护自然资源的行为。

1. 建立健全国土空间管控制度

贯彻主体功能区战略和制度，建立健全统一衔接、上下联动、综合管控的空间规划体系。优化国土空间开发布局，科学划定城镇、农业、生态三类空间和生态保护红线、永久基本农田、城镇开发边界三条控制线。按不同主体功能定位制定实施激励与约束并举、差别化与协同性兼顾的配套政策体系、绩效考核评价体系，推进不同国土空间分类指导、精细化管控。探索建立国土空间用途管制制度，将土地用途管制扩大到所有国土空间，促进人与自然和谐共生。推进以生态保护红线、环境质量底线、资源利用上线、环境准入负面

清单为基础的环境分区管控。

2. 进一步完善环境监管机制

建立健全生态环境监督管理长效机制。把生态环境风险纳入常态化管理，系统构建全过程、多层级生态环境风险防范体系。深化排污许可制改革，建立以排污许可证为核心的环境管理制度。推动建立资源环境承载能力监测预警协调机制，对水土资源、环境容量超载区域实行限制性措施。完善环境监测质量保障机制，充分运用大数据、智能化手段，实现对环境监测活动全程联网监控，确保环境监测数据全面、准确、客观、真实。加强环境监察体制和能力建设，完善环境监察制度体系，推进环境监察制度化、规范化和信息化建设。加快生态环境损害赔偿制度改革，逐步建立生态环境损害修复和赔偿制度。严格执行产业准入负面清单制度，严禁建设不符合主体功能定位的项目，严格限制“两高一资”项目，推动现有企业关停并转、改造升级、进入园区。严格环境评价制度，充分发挥规划环评在优布局、控规模、调结构和促转型中的作用，实行建设项目环评文件审批与规划环评、现有项目的环境管理、区域环境质量的“三挂钩”。

3. 建立多元化投入机制

逐步建立常态化、稳定的财政资金投入机制，落实好推动绿色发展的结构性减税政策。完善资源环境价格机制，采取多种方式支持政府和社会资本合作项目。推行环境污染第三方治理制度，引导社会资金投向环境污染综合治理、环境风险管控、生态修复、环保基础设施及能力建设等领域。完善绿色金融市场体系，创新信贷服务和环境金融产品，拓宽绿色金融服务渠道，推动节能、清洁交通、清洁能源、污染防治等行业企业上市挂牌和再融资。构建市场化、多元化生态补偿机制，开展排污权交易、水权交易、碳排放权交易。

4. 加强企业生态文明建设

推动生态文明建设融入工业、农业和服务业产业发展始终，渗透到企业规划、研发、投入、生产、管理、销售全过程。通过工艺改造、技术创新等方式促进企业生产方式绿色化，逐步转化形成投入少、能耗低、环境好、产出高的绿色企业。加强对企业的生态文明宣传教育，强化其生态环保责任意识，全面落实企业主体责任，积极引导企业树立绿色价值观，把“生态优先、绿色发展”作为企业发展的首要战略，作为企业转型升级、永续发展的“生命线”，真正由“要我环保”向“我要环保”转变，自觉走绿色发展的道路。

## （五）建立健全构建绿色发展体系的保障制度

深入推动长江经济带发展、加快建设山清水秀美丽之地责任重大、使命光荣，必须统一思想，强化领导，科学组织，凝聚力量，绵绵用力、久久为功，坚定不移将一张蓝图绘到底。

1. 加强党的领导

坚决维护以习近平同志为核心的党中央权威和集中统一领导，坚决担负起生态文明建设的政治责任。全区各级各单位要强化对生态文明建设和生态环境保护的组织领导，明确党委和政府主要领导是本区域生态环境保护第一责任人。全区深入推动长江经济带发展、加快建设山清水秀美丽之地领导小组实行党政主要领导双组长负责制，统筹推动全区长江经济带发展和山清水秀美丽之地建设工作。领导小组办公室要加强统筹协调，凝聚工作合力，定期对重大事项和重点工程进行动态跟踪，对重大问题及时协调督办。区级有关部门要强化责任意识，坚持在落地见效上下功夫，以相关行动计划和实施方案为抓手，建立任务清单和台账管理，各司其职，密切配合，实行项目化、政策化、事项化推进，确保中央和市委有关决策部署落到实处。

2. 强化法治保障

坚持问题导向，强化法治思维，完善依法治理体系、提高依法治理能力，不断提升深入推动长江经济带发展、加快建设山清水秀美丽之地的法治化水平。注重行政执法与司法衔接，加大执法力度，严格依法审理，强化法律法规实施监督检查。完善企业环境信用评价指标体系及评价办法，共享环境信用信息，建立企业环境信用“红黑名单”，在公共采购、金融支持等领域实行守信联合激励和失信联合惩戒制度。建立企业环保社会责任认证体系，提高企业环保违法成本，增强企业保护生态环境的社会责任感。

3. 严格监督考核

建立健全以改善生态环境质量为核心的目标责任体系，把深入推动长江经济带发展、加快建设山清水秀美丽之地作为党政干部目标考核的重要内容，研究建立指标体系，量化考核指标，加大考核权重，考核结果作为领导班子和领导干部奖惩和提拔使用的重要依据。加强督查评估，完善信息报送和督查制度，紧盯深入推动长江经济带发展、加快建设山清水秀美丽之地的重点领域、关键问题和薄弱环节，组织开展监督检查，形成责任落实倒逼机制。强化追责问责，坚持全覆盖、零容忍、严问责，一级抓一级、层层抓落实，对不作为、慢作为、乱作为和失职失责的单位，责令限期整改，对有关负责人进行约谈，典型案例及时曝光，相关信息纳入政务失信记录。对损害生态环境的领导干部终身追责。

4. 调动各方力量

坚持社会联动，党委、政府要发挥主导作用，充分发挥人大、政协建议咨询监督职能，强化企业主体责任，通过建立完善政府及企业环保信息公开公告制度和有奖举报等机制，推动社会各界和公众广泛参与。关心、支持生态环境保护队伍建设，培养使用好适应绿色发展需要的各类人才。积极发挥工会、共青团、妇联等群众团体和社会组织的作用，稳步发展环保公益组织，壮大环境保护志愿者队伍。注重培育典型，充分利用互联网、报刊、电视、广播等多媒体立体宣传网络加强宣传，营造人人参与的良好氛围，使深入推动长江经济带发展、加快建设山清水秀美丽之地成为全区上下的共同责任、共同行动。

# 第五章　构建开放发展体系

党的十八大以来，面对国内国际的复杂局面，以习近平同志为核心的党中央着眼世界，立足我国的发展实际，针对新阶段如何深入推进中国特色社会主义经济建设这一重大课题，提出了一系列新理念新思想新战略。其中开放发展理念的提出，是为了更好统筹国际国内，指导我国对外经济发展实践而形成的新的理论成果。

## 一、开放是繁荣发展的必由之路

当前世界各国正处在一个全球经济深度融合的开放时代，开放发展是一个国家或地区融入全球经济的必然选择。所谓开放发展，就是深刻把握世界经济深度调整变革的新形势新趋势新变化，不断适应经济社会发展新阶段的内在要求，全面提高开放型经济发展水平，高层次融入全球分工体系，增强对全球资源尤其是人才、科技、先进经营管理经验等高级要素的优化配置能力，提高利用全球资源推动发展的能力，持续增强综合实力和国际竞争力的过程。

### （一）开放发展的重要性

开放发展作为党提出的五大发展理念之一，是关于如何在新阶段高质量构建我国对外发展的国际大格局的新理念。关于“开放”的理念，邓小平同志做了比较全面的论述，指出，“现在的世界是开放的世界”“中国的发展离不开世界”，并且作出了实行对外开放的重大战略决策。对外开放作为我国长期坚持的基本国策，具有全局性、长期性的战略性意义，在新的阶段，我们要坚持对外开放的基本国策不动摇，不封闭、不僵化，打开大门搞建设、办事业。当今，和平与发展的时代主题没有改变。中国作为最大的发展中国家必须以世界眼光审时度势，在全球范围谋篇布局。2013 年 3 月，习近平在莫斯科国际关系学院演讲时说道，当前国际社会，各个国家之间相互依存、相互联系的程度越来越高，全世界的人类紧密联系在一起，共同生活在同一个地球村里，呼吸在同一片天空下，休戚相关、荣辱与共。他的这一判断，深刻体现了当前中国对外发展的新价值观，有利于重新塑造中国在国际社会的形象，在更大程度上担负起中国责任。改革开放的进程已经走过了 40 个年头，中国经济发展实现了历史性突破，经济、政治、军事、文化、教育等各个方面迅速发展，在国际社会的影响力空前提高。中国对外开放的伟大实践充分证明了：改革开放是我国不断推进经济腾飞的超级武器，是不断推进我国取得新成就的一项战略举措。

认识开放，要辩证看待改革与开放的关系。中国发展有两大动力：由中国政府主导的改革是内部动力；致力于融入全球经济体系的开放是外部动力。改革与开放是中国快速发展的两个车轮，缺一不可。改革与开放共同推动了中国的快速发展，构成了中国方案的主要内涵。“十三五”期间，国内发展的升级、转型将进一步推动中国“走出去”战略的实施，特别是面对当前国际新形势新挑战新任务，通过统筹开放型经济顶层设计，加快对外经济体制的改革完善，进一步破除体制机制障碍，使对内开放与对外开放彼此相互促进，进一步巩固和提高对外发展过程中已经取得的优势地位；而随着中国“走出去”战略的全面贯彻实施，必将进一步影响和推动中国内部的转型，对我国体制改革提出更高要求，以开放促改革、促发展、促创新，建设开放型经济强国，这是一个互动的过程。只改革不开放就没有办法适应时代的潮流，只开放不改革就没有办法推动经济深入发展。在新的阶段，我们要加强战略思维，增强战略定力，更好地统筹国内国际两个大局，形成深度融合的互利合作格局。只有在开放中才能获得更多的发展机遇。“对外经济开放，这不是短期的政策，是个长期的政策”，要贯穿中国整个发展过程，“在经济不发达的阶段要开放，将来我国经济发达起来，资金、技术、管理经验等充裕以后，更加要对外开放”。

40 年的成就的确巨大、辉煌，但是未来的任务仍然相当艰巨。为了确保全面建成小康社会奋斗目标的顺利实现，切实加快中国特色社会主义事业建设的步伐，努力实现国家富强、民族振兴、人民幸福的“中国梦”，我们要清醒地认识到，我国是世界上最大的发展中国家，我国在国际社会中的地位没有变，从发展实际来讲，我国经济社会的发展现状与人民的普遍要求还存在一定差距。因此，发展仍然是我们党执政兴国的第一要务，新阶段我们必须集中各方面的力量，更加有效地应对国际社会中的各种风险和挑战，掌握对外发展的主动权、制胜权，不断开创对外发展的新境界。

### （二）世界经济形势风云变幻，和平、发展、合作、竞争、共赢成为时代潮流

#### 1. 世界经济多极化发展，区域一体化、集团化趋势更加明显

20 国集团成立，促进了世界经济稳定和持续增长；“金砖五国”等新兴国家加强合作，形成发展中国家合作新模式；各类自由贸易协定大量涌现，成为经济全球化的重要动力。

2. 高新技术发展加快，促进产业结构升级，带动全球贸易投资方式转变

新能源、云计算、3D 制造、基因诊断与修复等新技术革命取得新突破。美国推出“先进制造伙伴”（AMP）计划，德国出台“工业 4.0”计划，欧洲推出“2020 战略”，日本推出“重生战略”，俄罗斯推出“创新俄罗斯 2020”，日本、法国、丹麦、芬兰、韩国、瑞士、英国都设立了专门的促进产业科技创新的国家机构。劳动密集型产业特别是低端制造环节加速向低收入国家转移；发达国家实行“再工业化”政策，一些中高端制造业向发达国家回流；服务外包和服务投资成为国际经贸投资合作的新热点。制造业服务化成为全球产业发展的一种趋势，技术融合和商业模式创新正不断推进制造企业的服务化和新型生产性服务业的涌现。

## （三）中国经济发展呈现出新的阶段性特征，进入提档降速、提制增效的新常态

1. 全面深化改革成为中国当前开放发展的最大战略背景

党的十八届三中全会明确提出，改革开放是当代中国最鲜明的特色，实现中华民族伟大复兴的中国梦，必须在新的历史起点上全面深化改革。党中央成立了高规格全面深化改革领导小组，制定了工作规则，并将改革任务分解为 336 项重要举措，对未来改革实施工作作出整体安排，成为指导今后一个时期改革的总施工图和总台账。全面深化改革已经成为推进各项工作开展的基本立足点和关键举措。2014 年 10 月召开的党的十八届四中全会第一次把全面推进依法治国作为全会的议题，为法治中国建设作出顶层设计，将改革开放纳入法治轨道。2015 年 10 月召开的党的十八届五中全会提出了创新、协调、绿色、开放、共享的五大发展理念，将开放作为发展的

理念之一，要求高标准地融入世界格局，积极参与国际规则的制定。

2. 产业创新转型步伐加快

近年来，我国致力于加快转变经济发展方式，调整优化经济结构，产业转型升级取得显著进展。以现代服务业为代表的第三产业和高新技术产业快速发展，加速成为打造中国经济升级版的重要力量。服务业增速超过工业，在 GDP 中所占的比重也超过工业，意味着中国经济正由原来的工业主导型经济向服务主导型经济转变。高新技术产业快速发展，成为拉动国民经济增长的重要力量。国务院印发《关于化解产能严重过剩矛盾的指导意见》，建立化解产能严重过剩矛盾长效机制，重点行业正在悄然升级，产业整体素质不断提高。特别是下半年，经济增长速度放缓，结构调整正处于阵痛期。妥善处理调整与增长的关系，推进产业转型升级，仍然是当前和今后较长时期必须关注的重要问题。

3. 国家新一轮开放布局正在展开

一是建设“丝绸之路经济带”和“21 世纪海上丝绸之路”。我国正在以国际大通道为依托，以重大战略项目为抓手，以沿线中心城市、重点港口城市、产业园区为支撑，构建一批全面开放的国际经济合作走廊和海上战略支点，并通过政策沟通、道路联通、贸易畅通、货币流通、民心相通的“五通”，深化经贸、产业、能源、金融、生态合作，逐步形成区域大合作格局。涪陵处于重庆主城、渝东南和渝东北的“Y”字形连接点上，是渝东南、渝东北到主城的枢纽，距离主城较近，能分享主城资源，快速集结生产要素，能辐射周边，联动两翼发展。涪陵的地理位置，向西北可依托“渝新欧”国际铁路联动大通道；向西南通过云南和滇缅公路直达中印孟缅经济走廊，连接“21 世纪海上丝绸之路”；西靠巴南，可借助南彭公路物流基地通往东盟，进入印度洋。

二是长江经济带战略稳步推进。国务院公布的《长江经济带发展规划纲要》明确指出：加快内陆开放型经济高地建设。推动区域互动合作和产业集聚发展，打造重庆西部开发开放重要支撑和成都、武汉、长沙、南昌、合肥等内陆开放型经济高地。涪陵如何借助重庆作为西部开发开放重要支撑的地位，承接重庆主城高端产业的产业链，考验着涪陵区领导者的决策能力。

4. 国内区域合作竞争趋势更加明显

中国经济发展进入新常态，区域政策热度正在持续升高。东部地区已形成长江三角洲、珠江三角洲和环渤海地区三大城市群三足鼎立态势，中部地区建立了武汉城市圈和长株潭城市群，西部地区正实施以推进成都经济区、成渝经济区建设为重点的西部大开发战略，东北地区大力实施振兴东北战略，各大区域之间的合作日趋密切，相互间的种种“壁垒”正在被打破，特别是随着分工合作的深化和经济资源的整合，将在全国范围内实现优化配置。长三角经济圈借助上海自由贸易试验区的优惠政策，成为国外资本进驻中国的首选之地，引领本地区乃至中国的开放发展。长江经济带发挥黄金水道的独特优势，形成直接带动超过 1/5 国土、涉及近 6 亿人的发展新动力。涪陵如何借助长江经济带黄金水道的优势，在过去多年来与周边城市雷同发展的局面下，异军突起，抢抓机遇，规避矛盾，考验着涪陵区领导者的决策能力。

## 二、涪陵开放发展取得的成绩

坚持开放发展理念，融入全球化进程，必须实施创新驱动战略，创新开放的水平、深度、广度，以创新为引领，为对外开放注入新动力。要突破我国对外经济发展的瓶颈，解决对外发展中出现的新矛盾、新问题，就必须实施创新驱动发展战略，特别是充分发挥科技创新的核心作用。对此，我们在对外发展中要做到“四个创新”：创新开放理念，深刻认识到抓创新就是抓发展，谋创新就是谋未来，拓展发展开放型经济的视野；创新开放路径，更新发展开放型经济的措施，推动中国特色社会主义创新发展道路不断前进；以创新开放体制机制为突破口，建设一批高质量的国家实验室，为创新发展提供重要平台，提升发展开放型经济的潜力；创新开放环境，进一步优化发展开放型经济的磁场，完善政策和法律法规，创造有利于激发创新活动的社会环境，在更高的起点上谋划对外开放，拓展对外发展新空间，从更高层次上提高我国对外开放水平。

### （一）开放引领了发展理念

开放让更多的人走近涪陵，也让更多的涪陵人走出涪陵。2017年，涪陵共接待旅游者757.4万人，接待国内旅游者757.2万人，国际旅游者667人，旅游总收入389万元。涪陵人在走出去的同时，拓展了视野，强化了国际思维，市场观念、法治理念和竞争意识逐步深入人心。创新发展理念、协调发展理念、开放发展理念、绿色发展理念、共享发展理念等逐步引领着人们的生活方式和工作方式，推动经济发展更加科学、更加持续、更有活力。开放改变了传统涪陵人因循守旧的思想观念，展现出开拓创新、勇于进取、合作共赢的精神风貌，逐渐内化为人们对待客观事物、解决实际问题、指导工作的思想源泉。

### （二）开放增强了发展实力

开放发展对经济的带动能力逐步提升，不断促进涪陵经济发展。2017年，涪陵区进出口总额达11.9万美元，其中出口8.8万美元，进口3.1万美元，实际利用内资253.9亿元，实际利用外资1.07万美元，签订招商项目453个，协议引资307亿元，当年新签项目到位资金49亿元。全区对外贸易经营者备案企业220户、存活外资企业24户，其中有进出口业绩企业60户；进出口超亿美元企业1户、超千万美元企业12户；全市重点培育国际知名品牌2个、创国际知名品牌企业1个；注册服务外包企业5户，实绩企业3户。2018年1—10月，全区完成进出口总值5.8亿美元，下降45.3%，实际利用外资1.5亿美元，增长2.43倍，服务外包执行额868万美元，增长2.8%。各类商业设施总面积282万平方米，其中城区商业总面积212万平方米，年交易额超亿元的市场达7家。成功创建国家级外贸转型升级基地。与上海外高桥保税区、中国电商协会等专业平台建立联动机制，拥有进出口权资质企业达到175户。

### （三）开放提升了质量效益

通过引进国外的技术、专利、人才等，进一步提高了劳动生产率和资源利用率，提高了附加值和效益，促进了经济转型升级。涪陵区重点围绕页岩气、新一代信息技术、MDI下游、新能源汽车及智能汽车、生物医药及生命健康、节能环保等六大战略性新兴产业，成功招引了一批重大项目。新引进北汽银翔年产30万辆新能源汽车项目，太极集团加快进军大健康产业，华兰生物二期有序推进，万润科技LED产业园、华为云计算中心项目、固废生态发电项目。同时加快传统产业改造升级步伐，集中力量实施了一批重大技改项目。汽车生产从无到有，华晨鑫源一期年产15万辆整车、15万台发动机项目全面达产，华晨鑫源二期项目正式开工，太极集团桐君阁药厂李渡厂区、伟柯斯年产160万套汽车热交换器生产线项目投产，新引进华峰年产50万吨铝板带箔项目、电铝一体化产业项目。华峰差别化氨纶二期建成投产，成为全球单体生产规模最大的氨纶工厂，新引进山东无利科技、重庆科发化工等配套项目。

### （四）开放优化了产业结构

产业机构在国际竞争中加快转型升级，逐步向高级形态的“三二一”结构演进。截至2017年，农业方面，扎实推进农超对接，培育各类连锁企业52户、网点达1756个，建成6个产地集配中心，120个农村经营主体建立对接机制；成功培育上淳珍品、农宜网等本土电商交易平台10个，纳入监管平台电商主体302个。工业方面，规上工业增加值增长8%，高于全市平均水平6个百分点以上。高技术产业增加值增长11.5%，战略性新兴产业增加值占规上工业增加值比重达到20.7%。涪陵六大支柱产业（化工化纤、装备制造、食品医药、重要材料、电子信息、清洁能源等）实现工业总产值1089.68亿元。涪陵本地企业开始走出国门，参与国际经济合作，其中，建峰化工参与老挝、孟加拉国、巴基斯坦、阿根廷等海外工程技术合作，万达薄板、金科、中科、剑涛铝业、新大兴等企业已到菲律宾、美国、英国、意大利、中国香港等国家和地区投资建厂，投资总额达6.2亿元。服务业方面，涪陵区实施了江南城区百亿级商圈规划，累计投资60亿元建成了高笋塘泽胜中央广场和南门山金科世界走廊等项目，新增商业设施50万平方米，100余个国际国内知名品牌入驻商圈。同时成功引进建玛特、居然之家、红星美凯龙、国盛基业等知名企业，建成了新大兴国际农副产品交易中心、建玛特涪陵店、居然之家涪陵店等专业市场，专业市场经营面积超30万平方米。投资15亿元建设了占地200亩的渝东国际商贸城。钢龙渝东工贸物流城、粮油批发市场、涪陵农资市场、红星美凯龙等一批大型专业市场项目正加快推进，将形成鹅颈关、龙桥、李渡3大专业市场集群，批发零售市场主体达36112户、注册资本57.2亿元；住宿餐饮业市场主体5834户、注册资本7.7亿元。

## （五）开放激发了发展活力

随着开放的深入，政府效率和服务水平显著提升，投资贸易便利化水平显著提高。一是涪陵依托海关、检验检疫、外管等区域性涉外机构优势，引进中行、建行等12家金融机构开展外汇结算，培育3家专业报关报检行，成功创建了西部唯一的“国家级船舶出口基地”和国家级出口农产品（榨菜）质量安全示范区。在黄旗港建成海关监管场所10000平方米、监管仓库1000平方米，年进出口集装箱吞吐能力达20万标箱，涪陵港升格为国家开放口岸，纳入市级规划。重点打造了涪陵工业园区（李渡、龙桥）和白涛化工园区、清溪有色金属产业园，园区规划总面积55平方公里，入园规上企业269户，其中涪陵工业园区获批长江经济带国家级转型升级示范开发区和重庆市出口工业产品质量安全示范区。二是开放通道日益便捷。“十二五”期间，涪陵新增铁路138公里、高速公路110公里，形成了渝怀铁路、渝怀二线、南涪铁路、渝利铁路和长涪高速、南涪高速、沿江高速、涪丰高速的“四高四铁”大交通格局。完成了国道厦成线和省道长习路、渝丰路、桃大路等9条243公里国省干线公路改造升级，高山湾综合交通枢纽正加快建设。成功开通涪陵—上海“五定”快班轮航线，累计实现货运近3万标箱。渝怀铁路二线、南两高速公路加快建设，龙头港进港铁路专用线项目获得核准，涪丰北线拓宽改造一期竣工投用渝万高铁、涪陵北环高速公路、页岩气物流通道焦石至南沱段前期工作有序推进。与上海外高桥保税区等专业平台建立联动机制。

## （六）开放平台建设取得新突破

三大国家级平台建设取得重大突破，重庆涪陵综合保税区获批筹建，国家现代农业产业园获批创建，涪陵高新区被列入科技部新一批国家级高新区“以升促建”重点名单。尤其是重庆涪陵综合保税区的成功获批，不仅是重庆对外开放的一件大事，也标志着涪陵区对外开放平台建设取得了突破性进展，对于涪陵区更好地融入国家“一带一路”和长江经济带建设，加快开放型经济发展，全力助推重庆内陆开放高地建设，都具有十分重要的意义。开放产业量质齐增。着力稳外贸稳外资稳外经，涪陵区“三稳”实施意见已经充分研究，待常务会审议。助力企业积极应对中美经贸摩擦，引导企业拓展外资利用渠道、多元化开拓国际市场。坚持做优增量与升级存量并重，统筹推进供给侧结构性改革，着力优化产业结构，不断壮大开放型产业。页岩气二期项目加快建设，汽车产业逆势进取，榨菜产业开启新篇章，建成全球最大己二酸生产基地，“涪陵造”棕刚玉获国家制造业单项冠军产品。创新驱动加力提速。获批国家外贸转型升级基地，国家火炬涪陵现代中医药特色产业基地建设正式启动，获批重庆市战略性新兴服务业（科技研发）集聚示范区、重庆首批专利信息服务试点区县。华为云计算数据中心建成，主城之外首个5G基站投用。新培育国家高新技术企业30户，高新技术产品产值、专利产品产值分别增长25.8%、22.1%。2018年招商引资再添新成果，签约投资1亿元以上项目38个、产值50亿元以上项目6个，其中，战略性新兴产业项目15个，大数据智能化项目12个。

开放通关更加便利。持续深入推进通关作业无纸化改革，严格执行有纸通关作业负面清单，全年关区报关单无纸化率达到99.74%，有纸接单仅有8票，在重庆关区中处于较好水平。自报自缴税收改革工作全面推广，企业通过自报自缴方式报关的报关单1595份，报关单自报自缴比例为52.66%。电子支付税征改革工作全面落实，2018年共有税单305份，实行电子支付税单254份，电子支付率为83.28%。汇总征税改革工作全力推进，目前通过汇总征税方式缴税企业1家，实行汇总征税596.22万元，占该企业税收的23.91%。全年共接受报关单3029票，其中进口481票，出口2548票。全国通关一体化改革有效推进，采取该通关模式的报关单2845票，其中进口480票，出口2365票。全力压缩通关时间，积极做好提效降费等工作，全年进口货物整体通关时间压缩44.4%，出口货物整体通关时间压缩39.43%，切实降低企业运营成本。

全面实施中国（重庆）国际贸易“单一窗口”，积极引导外贸企业注册，目前使用率已达90%以上。开放环境明显优化。大力开展优化营商环境“三百”行动（百名领导联系企业、百个科室对接企业、百项涉企问题化解），一大批涉企问题有效解决，政企沟通更加快捷高效。“放管服”改革取得新成效，实现审批服务事项“应上尽上、全程在线”、行政审批服务“四办”全覆盖，平均办理时限压缩2/3。清理规范公共服务事项466项，政务服务事项集中办理率提高到70%，行政审批网上可办率达到86%。全面实施“多证合一”“证照分离”改革，建成58个“银政通”服务网点；全面启动工商、税务“一体化”服务流水线。全区信用信息平台上线运行。涪陵电子商务产业园成功纳入市级精品微型企业“双创”平台建设。开放产业集聚加快。创新招商引资模式，加大招商引资力度，着力引进贸易新业态新模式。正式签约重庆火锅食材保税加工贸易基地项目，全力跟进与德通讯保税加工贸易基地、国盛全球跨境电商产业园、太极集团益保世灵冻干粉制剂保税加工贸易基地、金健米业外贸总部等外向型项目。支持企业开展国际产能和装备制造合作，推动富余产能转出去、技术标准和服务带出去，推进全区结构调整优化和产业转型升级。2018年，全区实现外贸进出口总额38.76亿元，同比增长28.9%，全区完成外贸进出口27.7亿元、增长35.4%，实际利用外资6003万美元，增长475%，实现境外投资342

万美元，离岸服务外包执行额171万美元。

创新对外开放政策，优化外贸政策取向，出台《涪陵区外贸稳增长专项资金管理实施细则》。正在研究制定《涪陵综合保税区管理办法》。全面实施外商投资负面清单管理，全面施行外商投资企业和境外投资企业备案制度，启用外商投资企业“一口办理”商务备案与工商登记。推进电子税务建设，实施出口企业无纸化申报试点。推行实施外汇管理改革，支持推动金融市场双向开放，提升跨境贸易和投资便利化水平。2019年，成功实现华通电脑跨境融资模式由投注差变更为全口径跨境融资宏观审慎管理模式，成为目前全市唯一一家变更外债管理模式的企业。

## 三、涪陵开放发展存在的问题

### （一）开放的拉动作用不够

出口对经济增长的贡献率偏低，近五年的数据显示，几乎为负拉动；进口商品结构待优化，进口的技术溢出效应有限；外商直接投资主要集中在一般加工工业、一般性技术和劳动密集型产业，农业、基础产业和资金技术密集型产业、高新技术产业投资较少；“走出去”对经济的带动作用还没有充分显现。对外物流交通枢纽功能不明显。水运优势发挥不良，尤其是三峡大坝通道不畅，对以新涪食品为代表的进出口企业的生产能力和竞争力影响严重。

### （二）开放的质量效益亟待提高

生产企业大部分处于产业链的低端和下游，集中在劳动密集型行业，技术含量低；出口初级产品比重大，附加值低，自主品牌少，大部分缺乏核心技术和国际营销能力；外商投资规模较小，跨国公司特别是总部、研发中心战略性投资较少。开放产业转型升级需提速。受中美贸易战和国际“双反”调查等大环境影响，涪陵区进出口受阻。传统产业转型步伐迟缓，外贸规模整体实力弱化，尤其是新兴产业培育举步维艰，如智能机械、通用机电、汽车摩托车等，真正上规模、上档次的企业不多，产品价值链偏低，缺乏在国际上有影响力、竞争力的巨型龙头企业。

### （三）经济开放度相对偏低

进出口占生产总值比重低，服务贸易占进出口总额比重低；东西部对外开放程度差距较大，市场结构相对单一。开放发展平台载体层次低。重庆有 17 个国家级开放平台，涪陵区至今为零。龙头港建设滞后，口岸功能缺乏，特别是国家级开放平台体系不完善，导致保税加工、保税贸易、保税物流、服务贸易、跨境电商以及进口商品展示展销等新业态无法开展，严重制约开放型经济发展。

### （四）对内对外开放还不够协调

对民营企业开放力度小、优惠政策少，国企、民企和外企由于政策差别或垄断，不能在公平市场环境下平等竞争；国际国内市场结合不够紧密，内外开放联动机制不健全，相互促进融合发展不够，国内国际要素自由流动性较差。对外开放发展环境需优化。吸引能力较弱，关检设施及功能布局不完善，服务保障不够，开放元素欠缺，创新机制不活，财金信息不畅，特别是外贸支持政策不健全，同周边区县相比差距较大，与涪陵区经济社会发展实力极不匹配。

### （五）配套服务与政策支持有待加强

政策透明度、经济自由度、营商便利度等软环境建设相对滞后，服务效率低、管理不规范等问题不同程度地存在；综合服务配套功能较为薄弱，完整的宏观调控与管理链条尚未形成；海关监管服务优化和口岸通关便利化等方面还存在诸多问题，海关监管区的作用尚待提高。外贸人才缺乏，近十年来，全区未招录和引进外贸管理专门人才，相关人才数量减少，造成全区从事外贸管理的人员和熟悉国际贸易的复合型高端人才严重短缺，难以适应和应对新时代外贸形势和对外开放建设快速发展的需要，对全区推动内陆开放高地建设十分不利。

## 二、涪陵构建开放发展体系的措施

### （一）积极融入国家开放发展新布局

当前，国家新的开放布局正在展开，要主动融入、积极对接，制定符合重庆实际的开放发展战略规划，纳入国家开放总体格局。要积极参与“一带一路”建设。建设“丝绸之路经济带”和“21世纪海上丝绸之路”，是党中央、国务院统筹国内国际两个大局作出的推动国际区域经济合作的重大战略决策。东盟、中亚国家以及俄罗斯、印度等邻国给予积极回应，国内多个省区市积极参与。涪陵作为长江经济带上的战略节点，是重庆乃至西部地区通江达海的重要枢纽，是连接渝东南和渝东北的重要节点，是渝东地区对外开放的引领区，要紧紧抓住这一历史机遇，开展相关研究，成立推进机构，明确发展思路，提出具体措施。拓展与沿线省市、国家和地区互联互通，积极开辟国际航线，加强与西部口岸合作，加强港口城市与沿亚欧大陆桥各省市合作，加快海陆双向衔接。深化与沿线省市、国家和地区的经贸合作，引导企业抢抓东盟、中亚等贸易市场，支持鼓励区内有条件的企业赴东盟、中亚等地开展对外承包工程和对外投资，参与互联互通重大基础设施项目建设。深化与沿线省市、国家和地区产业合作，共建产业园区，建立出口产品加工基地，鼓励有实力的企业到境外投资兴业。

## （二）着力提升涪陵开放发展的市场主体新活力

企业是市场主体，也是开放发展的主体，必须一手抓本土国际化企业培育，一手抓外部国际化企业引进，发展一批总部企业，不断增强市场主体活力，塑造开放发展的国际化市场主体优势。一要增强开放型企业龙头带动能力。鼓励引导企业着眼全球定位发展目标，制定国际化发展战略，学习借鉴国外科学技术、先进经营方式和管理方法，积极开拓国际市场、能源基地和营销网络，在开放发展中成长壮大。积极鼓励帮扶外向型企业增资上项目，扩大规模，提高效益，做大做强。二要发挥企业招商引资主力军作用。鼓励总部企业积极承接国际产业和资本转移，对世界500强企业、中央企业及行业龙头企业进行重点招商，积极引进战略合作者。鼓励有实力的企业通过参股、并购等多种形式，保障和稳定资源原材料供应，掌握境外优质资产与先进技术、知名品牌和销售渠道，使源自涪陵的企业逐步具备影响全球产业发展方向的能力。三要引导扶持企业大力开拓国际市场。鼓励各类企业积极应对世界经济贸易格局和需求变化，加快实施市场多元化战略，巩固扩大传统市场，积极开拓新兴市场，不断提高对外贸易质量和效益。鼓励企业实施科技兴贸，以质取胜和以技术、品牌、营销、服务带动出口等战略，鼓励企业引进技术、自主创新、开展境外商标注册、专利申请，积极参与各类国际标准、技术标准的制定，自主建立全球营销网络，提高贸易附加值，培育产业、技术和品牌、营销竞争新优势。加大对企业参加国内外展会补贴力度，鼓励企业在海外建立采购网点和渠道，支持企业利用跨境电子商务等新模式，开拓国际市场，发展多双边贸易。四要鼓励支持有条件的企业加快“走出去”步伐。大力推进优势产能转移，通过政策引导、资金扶持，促进一批劳动密集型企业到境外投资设厂，推动有条件的企业承建境外经贸合作区。鼓励承接境外承包工程，带动国内原材料、设备等产品出口和技术、标准“走出去”，大力发展高端对外劳务。

### （三）加快培育涪陵开放发展产业新优势

充分发挥开放对产业升级的引领作用，构建现代产业体系，努力提高产业在国际产业分工中的地位。一要提升制造业开放层次。着眼于参与国际竞争与合作，支持骨干行业和重点企业加大技术改造步伐，积极融入国际生产制造和加工配套分工体系。强化引进消化吸收再创新，利用国外先进技术改造提升传统产业，积极发展战略性新兴产业，培育拥有自主知识产权和自主品牌的优势产业。支持区内优势企业主动参与国际标准起草编制，抢占国际竞争话语权。二要提升服务业开放程度。扩大服务业开放领域，支持利用外资发展现代服务业。深化金融领域开放创新，扩大金融业对内对外开放，提高服务对外贸易的金融承载能力。大力发展服务贸易，做大做强服务外包产业，培育对外贸易新的增长点。三要提升农业开放水平。坚持以提高农业国际竞争力为重点，突出扩大农产品出口和农业利用外资，努力培育发展一批竞争力强、附加值高、带动作用大的优势农业、外向型农业龙头企业和农产品知名品牌。四要鼓励优势企业扩大经营规模，培育国际品牌，提高国际竞争力。推动区内优势企业到境外投资建设原材料供应基地、研发中心、生产基地、销售网络。

### （四）努力构筑涪陵开放发展区域新格局

构建定位明确、功能完善、特色突出、层次分明、体系完整、相互促进的开放发展新平台，是有效进行产业对接、承接产业转移、促进企业“走出去”的重要基础和条件。一要积极推进海关特殊监管区建设。充分利用综合保税区、保税港区等海关特殊监管区的政策优势，加快建设进度，促进扩规模、上水平。积极支持引导重点外向型企业设立保税仓库，开展保税物流；支持达到条件的园区申请设立海关特殊监管区，特别要支持设立更多的综合保税区，在内陆设立保税港区的功能区。二要积极提升园区开放发展水平。进一步明确园区在开放发展中的功能定位和发展方向，完善配套服务功能，集聚高端要素资源，推进体制机制创新，增强发展新动力，推进园区转型升级。统筹各类园区的区域布局、功能定位和产业配套，实现园区之间有机衔接、融合发展，不同园区优势互补、错位发展，不同产业相互支撑、协同发展。

### （五）不断拓展涪陵开放发展区域合作新空间

顺应区域合作发展趋势，研究制定中长期经济合作规划，细化区域特点，突出比较优势，推进形成开放合作、共同发展格局。一要加快融入成渝城市群，借助国际生态旅游城市建设，使涪陵的特色旅游景点与周边地区抱团发展，增加涪陵的吸引力。二要积极参与周边经济区建设。借助配套协作装备制造业的定位，主动承接重庆主城的高端产业，并与周边区县错位发展，形成高—中—低产业链集群。三要创新区域合作模式。深化合作内涵，拓展合作领域，逐步建立政府、企业、社会团体共同参与的合作机制，探索创新通过区域合作实现全区域、全方位合作发展模式。

### （六）积极扩大开放，打造内陆开放高地重要支点

积极融入“一带一路”和长江经济带建设，加快建设成渝城市群区域性综合交通枢纽，有效发挥综合保税区辐射带动作用，务实推动开放合作。

强化交通枢纽建设。完善对外通道，梓白高速公路建成通车，

基本建成渝怀铁路二线涪陵段、南两高速公路涪陵段，配合开展渝万高铁、两江新区至龙头港快速干道勘察设计，启动实施涪陵北环高速公路，加快推进白涛园区铁路专用线项目前期论证。强化区域联结，加快建设马武至龙潭一级公路、鹅颈关至涪陵西快速干道、江东至焦石公路改造工程等项目。提速打造旅游环线，完成卷大路改造工程，开通一批A级景区旅游专线和旅游直通车。推进港站枢纽建设，协调推进乌江航运全线通航，加快建设龙头港二期工程，投用白涛大石溪码头，开工建设清溪园区码头。积极推进全国公交都市、城乡交通运输一体化示范区创建。

强化开放水平提升。精准定位、科学布局，全面完成重庆涪陵综合保税区首期基础设施建设任务，加快保税仓库、标准化厂房、围网等建设，重点发展保税加工、保税物流、保税服务，确保保税区按期封关运行，将其打造成为涪陵开放型经济发展的重要引擎。优化提升口岸功能，完善龙头港口岸基础设施和海关查验监管场所，完成黄旗港口岸功能向龙头港调整，启动申报龙头港创建国家开放口岸。实施“引进来”和“走出去”战略，大力培育一批外贸优势产业和骨干企业。

强化招商引资工作。把招商引资摆在更加突出的位置，加快完善招商引资组织体系、制度体系、激励体系、保障体系，由拼资源、拼优惠政策向比环境、比服务转变，由全面出击向专业化、精准化转变，由单一招商向引资、引技、引智并重转变。围绕主导产业、新兴产业，招龙头、壮集群、补链条，紧盯不放、靠前服务，进一步提高项目落地率、开工率和投产达产率。力争2019年全年新引进投资亿元以上项目35个，其中战略性新兴产业项目15个、大数据智能化项目16个；投资10亿元以上项目10个、产值50亿元以上项目4个。

# 第六章　构建共享发展体系

党的十八届五中全会通过的《中共中央关于制定国民经济和社会发展第十三个五年规划的建议》（以下简称《建议》）提出“创新、协调、绿色、开放、共享”五大发展理念，科学构建中国特色社会主义建设的发展目标、发展思路、发展方式以及发展的着力点等。《建议》中强调：“共享是中国特色社会主义的本质要求。必须坚持发展为了人民、发展依靠人民、发展成果由人民共享，作出更有效的制度安排，使全体人民在共建共享发展中有更多获得感，增强发展动力，增进人民团结，朝着共同富裕方向稳步前进。”这在理论和实践上为我们清晰的、科学地理清了发展依靠谁、发展为了谁、如何发展等重大现实问题。

## 一、共享是发展的目标和归宿

### （一）共享发展的科学内涵

《习近平总书记系列重要讲话读本》中对共享发展的内涵做出了解释和说明，主要有以下四个方面：全民共享，发展成果人人共享、各得其所，不是少数人或者一部分人共享；全面共享，广大人民群众充分享有经济、政治、文化、社会、生态等方面的发展成果，进而保证人民群众的合法权益；共建共享，共建是共享的基础和前提；

渐进共享，共享发展是一个从低级到高级、从不均衡到均衡的渐进发展成果，即使发展到很高的水平也会存在一定程度的差别。可见，该读本主要是从共享的主体全民性、范围全面性、过程共建性、程度渐进性的主要特征来阐释。

因此，我们可以从以上四个维度来理解共享发展的科学内涵：一是共享主体的全民性。发展是共享的途径和方式，共享是发展的目的和要求，人民群众是共享发展的主体力量和根本动力，人民群众创造社会改革发展成果，发展成果由全体人民群众共同享有，突出人民群众共享的主体性地位。因此，共享发展应包括每个社会成员、社会阶层、社会群体，此外，还更应保障人民群众的弱势群体的切身利益，如贫困农民、残障人士、偏远少数民族地区等弱势群体能够共同享有社会发展成果。二是共享范围的全面性。从我们党和国家“五位一体”总体布局来看，人人共享社会发展成果不仅包括物质层面，更包括政治、社会、文化、生态等各层面、各领域。也有学者提出从社会救济、社会保障和社会福利等方面保障社会成员的生存条件和发展条件，进而保障人民群众从解决绝对、相对温饱问题的生存需求到实现自我发展、自我价值需求。三是共享过程的共建性。人民群众是历史的创造者，是推动人类社会进步的决定性力量。人民群众在经济社会发展中具有主体性地位。习近平总书记强调共建共享，共建是共享的基础和前提，人人共享的前提必须是人人参与、人人享有。必须增强人民群众在共建中的主体性地位，激发创造性、积极性和主动性，为共享创造丰富的物质基础。四是共享发展的渐进性。我国仍处于社会主义初级阶段，生产力水平因为人的内在需求具有历史性、客观性和动态性，往往会随着经济社会的发展而呈现不断变化的动态特征，共享的内容、范围和程度也会随之变动。新时代历史方位下的共享范围、内容、程度是呈现渐进性的状态。综上所述，共享发展是全体人民群众在共同建设中国特色社会主义事业中，全面分享经济、政治、文化、社会、生态等领域发展成果，满足人民群众对美好生活的向往。

### （二）共享发展的主要内容

习近平总书记强调，发展是“是管全局、管根本、管方向、管长远的东西”。应将共享贯穿至发展的全过程，注入经济、政治、社会、文化、生态等各领域各环节，落实到党的各项政策和工作中。《建议》中对共享发展的内容与范围指出：“加强义务教育、就业服务、社会保障、基本医疗和公共卫生、公共文化、环境保护等基本公共服务，努力实现全覆盖。”我国新时代历史方位下的共享发展主要是改善广大人民群众的经济生活条件，提高人民群众的幸福感、获得感、安全感，实现人民群众对美好生活的向往。共享发展的内容主要包括以下几个方面。

1. 着力取得脱贫攻坚工作的决定性胜利

以习近平同志为核心的党中央立足于我国仍处于社会主义初级阶段的最大实际，将脱贫攻坚战略作为关乎党和国家政治方向、政治制度和坚持中国特色社会主义道路的头等大事，将脱贫攻坚作为“五位一体”总体布局和“四个全面”战略布局、全面建成小康社会的标志任务，上升为党和国家的重大战略，并围绕“扶持谁、谁来扶、怎么扶”形成了一系列具有中国特色的贫困治理新理念新思想新战略。这凸显了脱贫攻坚对决胜全面建成小康社会第一个百年目标、实现中华民族伟大复兴的重大意义。脱贫攻坚总体目标为到 2020 年现行标准下确保农村贫困人口实现脱贫，确保贫困县全部摘帽，所有贫困人口和贫困地区同全国一道迈入全面小康社会，确保全体人民共同分享经济社会发展成果。发展成果人人共享必须是全体人民群众的共享，而不能将贫困群体、弱势群体、利益受损群体排斥在外，否定他们共享经济社会发展的红利，形成部分社会成员利益固化的藩篱。相反，贫困户、弱势群体是决定能否实现我国全面建成小康社会的决定性因素，只有切实满足这一特定群体的根本利益，补足经济社会发展中的“短板”，才能为全面建成小康社会第一个百年目标和中华民族伟大复兴提供发展后劲和坚实动力。

2. 加强基本公共服务供给，并促进基本公共服务均等化

为了满足广大人民群众对美好生活的向往，解决发展不平衡不充分的内在矛盾，必须坚持普惠性、保基本、可持续、均等化的行为导向，以改善人民群众的生活条件，提升社会福利水平为着眼点，从实现好、维护好、发展好广大人民群众最关心最直接最现实的根本利益出发，切实履行政府提供公共服务的主要职责，完善公共交通、基础设施、环境保护、文化等公共产品和医疗卫生、养老服务、公共安全、社会治理等公共服务的供给，改善全体社会成员共享公共产品和公共服务的条件，提升人民群众的民生福祉。这不仅是我们党和国家加强基本公共服务供给的目标所在，也是促进人民群众共享发展的前提条件。

3. 加大对教育事业的投入力度

积极发展教育事业，加强资金支持力度，着力提升人民群众的内在素质，促进人的现代化，为新时代新的历史方位下促进经济社会全面、协调、可持续发展提供智力支持，为实现中华民族伟大复兴的中国梦提供发展后劲。在我国社会主义初级阶段，一是增强对基本义务教育的投入，改善小学、初中教育的师资条件，完善基础设施，并促进义务教育在城乡之间、区域之间协调发展，增强教育公平和均衡。二是加大对高中阶段教育以及中等职业教育的支持力度。三是着力完善和提升高等教育的教学条件、创新水平、培养方

式等，健全和完善经济社会发展需要的新时代教育体系。四是重视学前教育，加大对普惠性幼儿园教育的政策支持，着力解决入园难、入园贵等现实难题。

4. 健全完善就业创业的相关政策，积极营造就业创业的社会氛围

就业是改善民生的重要来源，创业则是完善就业的重要途径。一是政府应健全完善就业的各种政策支持，开拓就业岗位、拓展就业渠道，以增强就业质量，满足广大人民群众对合理就业的内在要求。改革开放40年来，随着经济社会发展的迅猛发展，人民群众对生活水平的改善有着更高的要求，希望通过更宽的就业创业渠道和途径增加经济收入来源。因此，提供完善、优质的就业创业政策、拓宽万众创业就业的空间、建立人人就业创业的平台，是促进人民群众共享发展的首要任务。二是构建科学合理的劳资关系，积极维护职工和企业的合法权益，进一步健全和完善就业创业的服务体系，增强广大人民群众就业创业的服务水平。

5. 通过完善收入分配制度，提升人民群众收入水平

新时代我们党和国家应进一步加强收入分配制度改革，促进人民群众收入水平与经济社会发展、劳动报酬与劳动生产率同步增长，增强劳动报酬在初次分配中的比重。改革开放以来，人民群众之间的收入差距、贫富差距日益拉大，利益分化、利益失衡现象日益严重，当前基尼系数已超过国际警戒线，且诸种社会矛盾冲突的原因之一在于人们之间的收入分配、利益差距较大。因此，我们应在促进经济社会发展的同时，积极完善收入分配制度，缩小城乡之间、区域之间、行业之间的收入差距，进一步增加低收入劳动者的经济收入，提高中等收入人群在全社会中的占比。

6. 健全和完善社会保障制度，加大社会保障力度

社会保障不仅是促进经济社会协调发展、保障人民基本生活水平、改善民生福祉的基本安全网，更是体现社会主义制度优越性的客观要求。我国早在21世纪初期就着眼于建立农村基本医疗保障制度和农村社会保障制度。2003年1月出台的《关于建立新型农村合作医疗制度的通知》，主要根据农户自愿参与的原则，通过个人、集体、整体筹集资金推行新型农村合作医疗试点，有力保障了农民的健康医疗，为防止农村因病致贫、因病返贫提供了制度保障。党的十六大报告中指出，发展“城乡社会救济和社会福利事业”，并积极探索“农村养老、医疗保险和最低生活保障制度”。党的十八大以来，我们党对健全和完善社会保障制度进行了新的探索，提出建立“两线合一”，健全和完善“兜底性社会保障”，提高困难群众、弱势群体的基本生活保障，完善公平可持续的社会保障制度，促进人人共享改革成果。

7. 着力改善人民群众居住条件

住房是广大社会成员的基本民生问题，住有所居是人民群众生存生活的基本权利，只有安居才能更加乐业。提供更多更完善更舒适的居住条件，切实满足人民群众的住房需求，不仅是经济与社会协同发展、社会和生活水平共同提升的外在表现，也是全面建成小康社会的内在要求。新时代，要实现广大人民群众共享发展，关键之一还在于积极引导房地产市场有序、健康发展，进一步加大对保障性住房的供给力度，并加强对城镇棚户区、农村危房的住房改造，改善城乡居民的住房条件，提升人民群众的幸福感。

### （三）共享发展蕴含的内在价值

共享发展是一种可持续的、共享的、包容性的发展理念，蕴含

着中国共产党“以人民为中心”的价值旨归，体现着社会公平正义的价值导向，昭示着人的自由全面发展的价值追求。

1. 蕴含着中国共产党“以人民为中心”的价值旨归

习近平总书记指出：“让广大人民群众共享改革发展成果，是社会主义的本质要求，是社会主义制度优越性的集中体现，是我们党坚持全心全意为人民服务根本宗旨的重要体现。”这为我们科学理解共享发展的价值旨归提供了科学的理论指导。共享发展是中国共产党坚持“以人民为中心”价值旨归的外在体现。一是中国共产党始终代表先进生产力和先进文化的发展方向，以最广大人民群众的根本利益作为各项方针政策和一切工作的出发点和最终归宿，并以“人民拥护不拥护”“人民赞成不赞成”“人民高兴不高兴”“人民答应不答应”作为党开展一切工作的评判标准。共享发展坚持“以人民为中心”，既不是为了少数人的发展，也不是唯 GDP 发展，而是科学摒弃了不协调、不可持续发展以及少数人收益的不良发展思路，始终维护最广大人民群众的切身利益，共享经济社会发展的成果。二是人民群众是历史的创造者，是推动社会进步的决定性力量。共享发展始终坚持人民群众的主体性地位，促进人民群众在共建中实现共享。在承认和尊重人民群众物质利益的基础上，充分调动人民群众的积极性、主动性和创造性，汲取人民群众的智慧，为全面建成小康社会和共同富裕提供源源不断的发展动力。三是“以人民为中心”必须将人民群众作为衡量经济社会发展的评价主体，将共享的程度、范围等作为评价指标，将人民群众对共享发展的满意度作为评价标准。因此，共享发展在发展主体、发展方向、发展方式、发展动力等方面始终坚持“以人民为中心”的发展原则，满足人民群众的利益诉求，增强幸福感、安全感和获得感。

2. 体现着社会主义公平正义的价值导向

习近平总书记强调：公平正义是中国特色社会主义的内在要求，是我们党追求的一个非常崇高的价值目标。共享发展的价值导向就是公平正义，促进每一位社会成员在权利平等、机会均等的基础上公平公正公开享有经济利益、政治利益、文化利益以及其他利益，共享改革发展成果。同时，共享的内在公平正义也是衡量社会主义制度优越性的重要方面，是全体社会成员有序合作、公平公正分享发展成果的客观要求。具体落实到民生领域而言，共享发展的公平正义需要积极营造权利公平、机会公平、规则公平的社会环境，促进义务教育、医疗卫生、社会保障、食品安全、环境保护等方面的公共服务均等化，确保人民群众具有平等参与和平等发展权利，公平追求和实现自身利益最大化。但应强调的是，共享发展并不意味着否定效率和实行平均主义，而是在公平公正的价值原则和注重效率与公平的基础上促进人们在发展起点的公平、发展机会的均等。

3. 昭示着对人的自由全面发展的价值追求

实现人的自由全面发展是马克思对社会主义发展的价值追求，也是马克思科学社会主义理论的重要主题。马克思在青年时期深受黑格尔哲学影响，希望通过唯心辩证法的思辨达到人的类本质的复归。之后接受费尔巴哈哲学，特别是《基督教本质》一书使他开始清算黑格尔哲学，并对犹太人的解放提出了自己的看法和观点。他在1844年《〈黑格尔法哲学批判〉导言》中强调："必须推翻使人成为被侮辱、被奴役、被遗弃和被蔑视的东西的一切关系。"马克思从历史唯物主义出发通过对资本主义社会现实的无情揭露和批判，指出资本主义社会的劳动异化现象，这种异化来源于生产社会化与生产资料资本主义的私人占有之间的内在矛盾。发展理念上则表现为注重物的发展，而人的内在发展及价值实现被忽略。这种发展理念带来的是经济社会的排斥型增长、唯经济指数的片面增长，导致利益分化严重，社会矛盾频发。因此，我们国家在吸取传统经济增长和西方国家不良发展观的经验教训上，强调符合经济社会发展规律和人类社会规律的共享发展。共享发展旨在促进经济社会发展和人的内在发展、价值实现的相互影响、相互促进。人的自由全面发展是一切发展的终极目标，也是其他领域发展的前提条件。因此，共享发展可以说是我们党和国家在对共产党执政规律、社会主义建设规律和人类社会发展规律深刻认识的基础上，始终坚持对人的自由全面发展的价值追求。

## 二、涪陵共享发展取得的成绩

面对复杂严峻的国际国内形势，涪陵立足于党和国家“五位一体”总体布局、“四个全面”战略布局以及重庆“两点”定位、“两地”“两高”目标，在市委市政府和区委的全面领导下，在区人大和区政协的全方位监督下，全区上下始终坚持以习近平新时代中国特色社会主义思想为指导，有效贯彻落实新发展理念，通过深入推进“三大攻坚战”“八项行动计划”“三篇大文章”，涪陵经济社会发展稳中推进，不断实现好、维护好、发展好最广大人民的根本利益。涪陵区坚持学有所教、劳有所得、病有所医、老有所养、住有所居，具体表现为脱贫攻坚战略进一步向纵深推进，贫困治理成绩突出；城乡基本公共服务进一步加强，直接提高了涪陵人民群众的幸福指数；积极响应“大众创业、万众创新”，支持城乡劳动者积极创业、自主创业，就业创业成效显著；社会福利增多，社会保险覆盖面积扩大；教育事业进一步完善，教育资源总量增加。

### （一）脱贫攻坚战略进一步向纵深推进

全区脱贫攻坚战略主要坚持“四个问题”意识，从“扶持谁—

谁来扶—怎么扶—怎么退”着手，使全区脱贫攻坚取得较好效果。一是精准识别和瞄准，确定“扶持谁”。习近平总书记提出“六个精准”：扶贫对象精准、措施到户精准、项目安排精准、资金使用精准、因村派人（第一书记）精准、脱贫成效精准。因此，我们必须根据多元化的致贫原因和不同程度的脱贫需求，对贫困人口实行分类别、分户，具体到差异化、个人化扶持，着力解决“两不愁、三保障”突出问题。二是选优配强第一书记驻村帮扶，打通“谁来扶”的“最后一公里”。习近平总书记指出：脱贫攻坚战略是党和国家重中之重的工作，必须选派最好的干部去做，宣传和解释党的扶贫开发政策，推动各项扶贫措施有效落实，引导和带领贫困群体激发内生动力，提升自我发展和自我脱贫的能力。涪陵积极开发农民创业园区，采取“第一书记+党支部+园区+贫困农”的产业扶贫模式，贫困农户收入主要为“基础工资+绩效（产品质量数量）+贫困户流转土地的地租收益”，不仅有效避免贫困农户独自面对市场的风险，而且通过“干中学”提升现代农业发展的技术能力。在这里，第一书记作为贫困农户的代表，积极为他们创造发展契机和将贫困农户引入园区，协调园区与农民之间的利益关系，为贫困农户增加经济收入和内生脱贫能力。三是强化因地制宜、分类施策，切实解决“怎么扶”。涪陵区积极开展“六个到村到户”“五个一批”“五个平台”“十项行动”，切实满足贫困户的多元利益诉求，促进经济发展。如具有劳动力的贫困人口可有效利用当地资源发展生产、经营特色产业或农作物种植、动物养殖，或按规划、分年度、有计划地通过易地搬迁扶贫，确保搬得出、稳得住、能致富。对于部分或完全缺失劳动力的贫困人口，可通过农村危房改造和社会保障兜底等方式统筹农村低保标准和资金，增强社会救助的力度，实现底线式脱贫。同时，辅以农村医疗保险和医疗救助，加强新型农村合作医疗和大病保险政策以及资金扶持力度。在扶智方面通过发展教育脱贫的方式，加强对贫困地区、贫困人口的基础教育、职业教育，改善教学环境和教学设施，充实教育人才，特别是加强对留守儿童的教育和关怀。四是建立和完善脱贫认定机制，有效落实“怎么退”。科学制定贫困县、贫困人口的退出标准、退出程序和后续政策。充分发挥人民群众、新闻媒体、第三方评估主体对扶贫项目的实施、管理、监测、验收，确保扶贫资金、扶贫项目全过程公开、透明，防止“数字脱贫”“被脱贫”“虚假脱贫”，将扶贫过程置于人民群众的监督下，切实做到“扶真贫、真扶贫、真脱贫”，促进扶贫成果可持续发展，提高贫困人口的获得感。通过对脱贫攻坚战略的精准性把握，据统计，涪陵区 2018 年减少贫困人口 2087 人，发放贫困学生补助 2 亿元，落实医疗救助资金 2474. 5 万元。实施扶贫产业项目 18 个，发放扶贫小额信贷资金 2 亿元。实施民生实事 26 件，完成投资 22. 8 亿元，超进度完成年度投资计划任务。

### （二）城乡基本公共服务进一步加强

为了增强涪陵人民群众的幸福指数，切实改善民生福祉，区委区政府进一步完善基本公共服务，成效显著。一是推进落实“两线三片一城”城市建设，实施项目 65 个，完成投资 54 亿元。新城区城市功能不断优化和完善，进一步增强了宜居宜业的现代化新城区形象。如实验中学新校区、中心医院新城区医院已全面开工，鹤凤大道二期、站前大道二期等市政道路已加快建设，环城西路三期、火车北站站前广场已建成并逐渐投入使用，铜鼓湖公园已建成并对广大人民群众开放，玉屏公园也在加快建设进程中，绿地城际空间站已开工建设。二是村镇公共服务也全面提速。如实施村镇建设项目 79 个，完成投资 3 亿元，乡镇市政道路、村级公共服务中，休闲广场已建成并对村民投入使用。在此基础上，获评市级美丽宜居示范村庄3个、绿色示范村庄21个、市级美丽庭院1085户。农村改厕工程已超额完成10245户，建成“四好农村路”706公里，流动文化服务进村已完成1224场。公共交通服务上，新增新能源公交车50台，修建50个充电桩。城区公共直饮水点已建设完成30个。

### （三）就业创业成效显著

全区积极响应“大众创业、万众创新”，并通过开展重庆市市级创业型城市创建工作，大力支持城乡劳动者积极创业、自主创业，不断优化就业创业的社会环境、政策支持。一是增加创业贷款额度和贴息比例，对符合国家政策的城镇登记失业人员、复员转业退役军人、高校毕业生、就业困难人员、刑释人员、返乡创业农民工以及其他登记失业人员提供创业担保贷款，并由原来的10万元增加至15万元。如涪陵区加强了对返乡创业农民工的引导和扶持，培育返乡创业园3个，农民创业人口达6万人，发放创业担保贷款2亿元，落实贴息资金1440万元。二是优化残疾人就业创业政策和扶持力度，如涪陵区印发了《涪陵区残疾人就业创业扶持办法（试行）》，对取得《个体工商户营业执照》且正常经营1年以上的，给予3000元的一次性创业补贴；对取得企业法人《营业执照》正常经营1年以上，并吸纳3人以上（含3人）残疾人就业的，给予一次性创业补贴2万元。对获得“中国名牌产品”称号和被认定为“中国驰名商标”的，一次性给予20万元的奖励；获得“重庆市名牌产品”称号和被认定为“重庆市著名商标”的，一次性给予10万元的奖励；获得“重庆知名产品”称号的，一次性给予5万元奖励。三是加强对创业孵化基地的建设。对达标创业孵化基地提供20万元的一次性资金补贴，对正常纳税并具有1年以上经营时间的，提供2000元/户的一次性创业补贴。通过以上措施，全区就业规模不断扩大，就业创业结构持续完善。据统计，截至2018年11月底，全区城镇新增就业

29171 人，城镇登记失业人员就业 11538 人，城镇困难人员就业 4123 人，城镇登记失业率 3.13%，继续保持城镇零就业家庭动态为零。开展就业技能培训 5230 人。新增发放创业担保贷款 14739 万元。筹集就业专项资金 4200 万元，累计落实各项就业补贴 3500 万元，惠及城乡劳动者 1.5 万人（次）。

### （四）社会保障水平进一步提高

一是参保力度空前加大。据统计，截至 2018 年 11 月底，全区养老保险参保 85.53 万人，医疗保险参保 107.25 万人，失业保险参保 11.69 万人，工伤保险参保 22.15 万人；累计新增参保 8.97 万人；累计征收社会保险费 34.94 亿元，支付及发放养老、医疗等各类待遇 51.13 亿元，全区医保总额控制支付总额共计 7.2 亿元。二是养老事业开创新局面。涪陵区陆续出台相关政策促进养老事业发展。如《涪陵区推进养老服务业发展促进医养深度融合的实施意见》中提出的养老方式有居家养老、社区养老、机构养老等，已建成规范化社区养老服务站 44 个。同时，提高退休人员养老待遇。按照全市统一部署，连续第 14 年调整企业退休人员养老待遇；顺利完成 2018 年机关事业单位退休人员待遇调整和城乡居民基本养老保险基础养老金调整工作。三是积极推行“互联网 + 养老”模式。2018 年，全区首次开通居民医保微信缴费通道，并进一步拓宽网上业务经办范围，全区已有 258 户参保单位开通并受理网上业务 3.17 万笔。

### （五）教育事业进一步提升和完善

一是全区积极发展教育事业，普惠性学前教育得到有效发展，增设农村完小附设园 8 所，回收国有小区园 3 所，改造薄弱园 45 所。幼儿园建设方面，焦石中心幼儿园已开始投入使用，龙潭中心幼儿园已建成。二是在教育基础设施方面，义务教育薄弱学校基本办学条件和基础设施充分改善，义务教育学校项目建设完工 6 所，单楼梯改造完成 51 栋，清溪中心校运动场主体完工。三是加强师资队伍建设，教师结构趋于科学化、合理化，城乡教育资源逐步协调平衡。采用“请进来”“走出去”“老带新”等方式，年轻教师成长的机会、平台、空间更加广泛，培养了一大批优秀教师、骨干教师，教师的专业素养、业务能力、教学科研水平得到大幅度提高。中小学在教学目标明确、教学制度科学规范的前提下，不断加强校与校之间的交流与合作，在奖惩激励机制明确的基础上，中高考成绩再创佳绩。

### （六）居住条件明显改善

一是结合涪陵实际情况，为社会民众提供充足房源。截至 2018 年，全区在江南（江东）主城、新城区、龙桥园区、白涛园区、清溪园区和珍溪镇、蔺市镇等 10 个乡镇共建成并交付使用公租房 93 万平方米、17587 套，为广大人民群众改善居住条件提供了充足的房源。二是在保障房源的同时，加强对住房的申请、租用与管理，确保公平公正公开申请、审核与分配。根据建设部、发改委等 9 部委相关规定，健全与完善住房申请与审核机制，在住房保障信息档案完善的基础上，加强对申请对象的家庭住房、生活水平等进行动态监管。对申请对象的范围、需具备条件、房源户型等向社会民众公开，在广大人民群众监督下公开公平公正分配房源，保障低收入人员住房有保障。截至 2018 年，全区累计交付使用公租房 17587 套，累计分配公租房 15434 套，分配率 87.76%，其中面向符合条件的保障对象公开分配 9359 套（分配廉租房 3931 套、公租房 5428 套）；采取集体方式租赁给单位和企业 6075 套。

## 三、涪陵共享发展存在的问题

涪陵区在共享发展方面取得了以上成绩，但也要清醒地看到，经济稳定运行的基础还不牢固，仍面临不少突出矛盾和问题：脱贫攻坚任务依然艰巨，收入差距问题比较突出、就业创业体系和平台建设亟待完善，社会保障仍有不少短板。这在一定程度上制约人民群众共享发展成果，阻碍涪陵进一步实现高质量发展。

### （一）脱贫攻坚战略有待进一步深化推进

当前脱贫攻坚过程中存在官僚主义、形式主义、腐败的不良现象。

1. 官僚主义现象

脱贫攻坚战略中，党员干部本应是人民群众根本利益的代表，却在“官本位”思想、官僚主义不良作风的影响下，在执行扶贫政策、化解利益矛盾和社会冲突、安排扶贫资金和扶贫项目等方面存在提升政绩的现实考量，这忽略了贫困群体的根本利益，阻碍经济社会的长远发展。

2. 形式主义现象

主要表现为：驻村工作队、村干部没有认识到脱贫攻坚对全面建成小康社会、实现共同富裕的重要意义，也没有认识到代表、维护、实现、发展贫困人口的切身利益对解决当前社会主要矛盾，提升各阶层社会成员的获得感、幸福感、安全感，进而巩固党的执政基础的重大意义，或将其作为增加工作亮点、提升工作政绩的一个载体。少数贫困村党组织和村干部在产业扶贫方面，出于“短、平、快”的考虑，简单地给几只鸡、几只鸭、送几头牛就“万事大吉”，或是随意建设几个具有预见性的短期项目，既能完成扶贫任务，又能提升政绩，这种短期主义和政绩主义意识导致扶贫表面化、敷衍化现象突出，忽略了贫困户对扶贫项目和扶贫过程的评价和反馈。少数贫困村党组织将扶贫政策和扶贫项目当作摆设，对扶贫政策进行宣传而非落实，即便是落实过程中也存在敷衍式政策执行，为了应付上级部门领导检查，采取“走马观花”“大而化之”的大水漫灌的扶贫方式。如驻村干部和村干部在对贫困户建档立卡时，由精准识别变相为“数字识别”，由精准扶贫变相为“信息扶贫”，对贫困户的信息停留于建档立卡的数字和信息上。

3. 腐败现象

脱贫攻坚战略中主要通过“五个一批”保障贫困人口精准脱贫，在产业扶持、危房改造、低保、救助、移民搬迁等方面腐败现象较为严重，再加上扶贫资金的不同主体的权力不同、责任不同，腐败金额呈现出差异，“微腐败”主要表现为诸如“好处费”“手续费”“材料费”“辛苦费”等吃、拿、卡、要的“蚁污”现象；腐败主要表现为“小官大贪”的腐败现象。精准扶贫涉及省—市—县—乡—村五级单位、部门的扶贫工作人员。从扶贫资金流向来看，腐败往往发生在资金落到实处的地方，村干部很容易成为腐败的群体，因为村干部是利益协调“走完最后一公里”的关键主体，与贫困群体关系最为密切，处于利益协调的最前线。这意味着扶贫领域腐败现象存在向基层蔓延之势。习近平总书记强调，扶贫资金是贫困人口的救命钱，一分一厘都不能动。动扶贫资金就是犯罪，无论是“蝇贪”还是“虎贪”都严重冲击了利益协调的初心和价值导向，侵蚀着党的肌体。

## （二）收入差距问题较为突出

缩小居民收入差距是涪陵共享发展的内在要求，也是涪陵区经济社会实现高质量发展、决胜全面建成小康社会的重要内容。当前，涪陵区的收入差距问题主要表现在行业收入差距与城乡收入差距较大。

1. 传统产业与新兴产业收入差距较大

传统服务业经济收入来源较低。据数据统计，餐饮、宾馆、保安、清洁、环卫等相对于销售、文案、广告、技工、快递行业等经济收入差距较大。他们是城市的建设者，应在经济社会发展中共同分享改革发展机会、发展权利、发展成果等。

2. 城乡收入差距问题

当前，城市依托新兴产业、工业、科技研发以及投资者、创业者、新型人才等，促进地区经济社会迅速发展。但农村特别是偏远乡村缺乏新型农业劳动者，现代化农业发展滞后，农民在共享发展中面临收入不稳定、与城市收入差距较大的问题。有的农民缺乏市场驾驭能力，缺乏固定和符合市场规律的销售途径；有的农民农业技术较滞后，处于散户经营状态，很难形成市场规模效应，缺乏市场竞争力，导致销售受阻，经济收入来源不稳定。加之现代农业发展较滞后，新型技术化、专业化农民缺失。随着农村老龄化现象的加重，农民技术培训、新型农业发展受阻，导致传统产业、农民整体收入与新兴产业收入差距较大。

### （三）就业创业培训体系和平台亟待完善

1. 城乡培训资源差距较突出

涪陵区贫困地区农民数量较多、分散较广、层次不均，面临的农业技术培训需求也不一样，偏远地区村镇的优质教育资源较稀缺，农民较难接受良好的现代化技术培训。贫困地区农民相对于城市劳动者，在职业技能培训资源的分配上具有一定的差距，如何保障培训资源的科学、合理共享，促进人的全面发展，值得我们引起高度重视。

2. 行业技术教育亟待得到重视

偏远地区农民或紧缺行业、产业劳动者急需健全完善的培训体系和新型职业技能培育平台。当前，国家就业创业政策信息以及农业技术学习、职业资格认证公告功能的相关信息、政策有待一体化。政府扶持就业创业力度还有待加强，如税费减免和小额贷款政策宣传、生产经营场地审批办证扶助需要具体细化和完善。对创业带动就业（一人创业带动多人就业）者的激励机制尚不明确。线上网络技术教育落实力度有待进一步提高。此外，劳动者的创业就业信息需求与供给不畅，健全完善的信息互通平台还比较缺乏，导致就业创业资源不能共享。各相关单位、部门缺乏有效和及时沟通，在一定范围内出现部分劳动者上岗难、部分企业招工难、有投资意向的缺乏合作项目的带头人、有技术立项的缺乏投资者的不良情况，亟待建立一个具有统一组织与协调各方的联络机构。

3. 部分劳动者就业创业的相关法律知识不足

特别是偏远山区、年龄较高、知识文化水平较低、法律意识淡薄的劳动者，当他们的合法权益受到侵害时，缺乏有序的、畅通的利益诉求表达渠道，导致当前劳资纠纷现象比较突出，共建共享发展成果的价值期待降低。

### （四）社会保障有待进一步提高

1. 城乡医疗资源分化较大

在涪陵区城镇化进程中，尽管农民能够享受医疗保障中的医疗报销制度，但农村医疗基础设施不完善，医疗人才队伍结构缺乏合理性，特别是为偏远地区的农民提供医疗服务受到限制。农村人口布局分散、流动性较大、知识文化水平较低，这给医疗知识的宣传、医疗保障政策的更新和普及带来一定程度的困难。因此，如何让城乡居民都能公平享受社会保障制度是共享发展需要思考的重要问题。

2. 社会救助方式较滞后

区委区政府加大了对社会救助的投入，但从制度社会和实施效果来看，社会救助仍处于初级发展阶段，救助资源和弱势群体的实际需求仍存在一定距离。如社会救助对象的动态跟踪较滞后，部分弱势群体没有得到应有社会资源救助或者出现了重复性救助造成的救助资源浪费现象。换句话说，当前社会救助制度既面临救助资源供需之间的矛盾，也面临资源溢出的问题，二者之间的张力不仅严重降低了社会救助的效率，也损害了共享发展的公平公正。同时，传统的社会救助思维重生存性救助轻发展性救助、重单向性救助轻双向性互动救助，如当前涪陵区社会救助以物质给予为主要形式，缺乏与就业、创业等激励机制的衔接，导致贫困人口发展潜力和内生动力被忽视。又如，在教育救助上，注重对贫困户家庭的学生个体进行教育救助，提供教育补贴与物质帮助，但忽略了贫困人口的整体性教育提升和技能培训，导致教育救助的有效性降低。

3. 兜底社会保障时效性不足

一方面，消极被动导致时效性不足。兜底性社会保障主要以贫困人口的个人或家庭经济收入是否能维持其最低生活水平为主要依据，为人均纯收入低于当地最低生活保障的贫困人口提供社会救助，主要是无劳动能力、无法确定抚养义务人的未成年人和老年人等，属于一种被动消极的救助方式，这种方式无法提高贫困人口的软实力和内生动力，导致一部分贫困人口越保障越贫困。另一方面，事后保障缺乏预见性和前瞻性。兜底性社会保障属于一种事后保障，缺乏对弱势群体社会保障的预防措施，缺少预见性和前瞻性。且少数低保户、五保户隐瞒实际经济收入以获得相关社会保障性福利，如大米、油、慰问金、煤炭等生活必需品。但这种单纯的救济式给予和事后性保障，将助长部分弱势群体的“等、靠、要”思想和“懒汉”心理，使其被动等待政府和社会组织的保障和救助，缺乏积极参与社会建设、投资自己的意愿和诉求。可见，兜底性社会保障的被动、事后性降低了社会保障的时效性和实效性。

## 四、涪陵构建共享发展体系的措施

共享发展是我们党和国家在深刻把握社会主义建设规律、共产党执政规律、人类社会发展规律的基础上，立足新的历史方位、新的时代征程，为实现国家治理体系现代化、全面建成小康社会、实现共同富裕的阶段性目标提出的科学发展理念。当前，涪陵共享发展进程中，需要在厘清相关问题的基础上，增强全区共享发展的思想共识，形成政府、市场、个人的共享发展合力；攻坚克难，力争脱贫攻坚取得最终胜利；健全完善收入分配制度，确保人民群众公平共享发展成果；健全完善就业创业制度，扩宽人民群众共享发展的渠道；健全完善社会保障制度，筑牢人民群众共享发展的保障网。

### （一）增强全区共享发展的思想共识，形成政府、市场、个人的共享发展合力

#### 1. 加强对全区党员干部共享发展的思想教育

深入认识和理解共享发展科学内涵、基本特征、主要内容、深远意义等，并将共享发展的理论吸收内化为外在行动。同时，进一步完善共享发展的政策与法规，及时更新相关制度建设，突破制约共享发展的不合理法规和制度，营造促进共享发展的软环境。在法规制度的有效保障下，共享发展的理念才能持续、有效发挥作用。

2. 改变传统的市场主体发展理念，深入共享发展意识

改革开放40年来，市场在民生领域的建设和发展中发挥着至关重要的作用，主要表现为市场主体积极遵循市场资源配置规律，提升经济发展总量，在经济社会发展中为政府提供了民生工程的财政保障，为改善民生福利、实现共享发展提供强大的物质保障。同时，市场主体在经济运行与发展中不断开发和拓展满足个性化需求的产品，促进民生领域的多层次、全方位的共享发展。

3. 不断增强社会成员个人的共建共享意识和能力

加大对共享文化和理念的宣传、传播，创新运用互联网宣传方式，摒弃传统的、生硬的教条式传播，将纸质传媒与互联网传媒有机结合，形成入脑入心的共建共享理念，让共建共享意识深入人民群众的日常生活。在个人共建共享意识深入人心的基础上，突出人民群众共建共享的主体性地位，不断提升和扩展社会成员共建经济社会发展的能力和素质，实现共建共享的权利、机会、成果等。

## （二）攻坚克难，力争脱贫攻坚取得最终胜利

涪陵区脱贫攻坚战略取得最终胜利亟须突破形式主义、官僚主义、腐败等不良问题，广大党员干部应切实维护贫困人口的切身利益。

1. 正确树立“以人民为中心”的权力观

真正做到“权为民所赋、情为民所系、权为民所用、利为民所谋”。增强对马克思主义权力观的理性认识。马克思通过对人类社会发展规律的理解，认为公共权力是社会生产力和社会分工发展到一定阶段的历史产物。当自然共同体不能以原有方式解决社会矛盾时，社会便陷入对立冲突的失序状态，就需要一种凌驾、脱离于社会之上的力量（国家）使充满利益冲突的社会重归稳定和谐的社会政治

秩序。从本质上来看，公共权力是伴随着国家的产生而产生的，是人民群众作为实质主体将一部分权力让渡给国家，代表社会整体利益、管理社会公共事务，国家公职人员则成为具体实施公共权力的形式主体，由此构成权力的委托—代理关系。公共权力来源于人民，公共性是权力的根本属性，权力是公共意志的政治产物和外在表现。毛泽东同志曾强调："我们的权力是人民给的。"邓小平针对干部腐化现象指出，国家公职人员不能由社会公仆转变为社会主人。习近平总书记明确指出："我们要坚持国家一切权力属于人民的宪法理念。"只有真正做到"以人民为中心"的权力观，才能发挥党员干部组织群众、团结群众、凝聚群众的先锋模范作用。

2. 增强党员干部"明大德、守公德、严私德"的政德观

2018 年 3 月 10 日上午，习近平总书记参加十三届全国人大一次会议重庆代表团审议时对领导干部如何"立政德"进行了重要论述。明大德、守公德、严私德，倡导形成风清气正的政治生态，为我们领导干部树立科学的政德观提供了行动指南。明大德就是"要筑牢理想信念、锤炼坚强党性，在大是大非面前旗帜鲜明，在风浪考验面前无所畏惧，在各种诱惑面前立场坚定"，这是领导干部首先要修好的"大德"。各级领导干部应牢固树立马克思主义理想信念，坚守共产主义远大理想和中国特色社会主义共同理想。习近平总书记多次强调："我们党是否坚强有力，既要看全党在理想信念上是否坚定不移，更要看每一位党员在理想信念上是否坚定不移。"面对错综复杂的国际国内形势，社会结构深刻变革、多元思想激烈交锋，党员干部理想信念受到前所未有的冲击，共产党人应加强党性修养，坚定马克思主义理想信念，坚守共产党人安身立命的根本。习近平总书记强调：不忘初心、继续前进，指的就是在坚定马克思主义理想信念中，严肃党内政治生活，净化党内政治生态，将马克思主义基

本原理同世情、国情、党情相结合，在推进国家建设和社会发展中不断强化党的肌体。守公德就是“要强化宗旨意识，全心全意为人民服务，恪守立党为公、执政为民的理念，自觉践行人民对美好生活的向往就是我们奋斗目标的承诺，做到心底无私天地宽”。具体到行为实践上，应坚持以人民为中心，从人民的立场和需求出发，执政为民。在这里应树立公共利益高于个人利益的道德认知。马克思曾指出“同传统的观念实行最彻底的决裂”，就是要求领导干部的价值观念应由传统私有制基础上的私利先于公利的意识彻底转变为现代公有制基础上的公利先于私利的认知观。各级领导干部作为公共职务、公共权力、公共事务的代表，说明了“公共”二字是我们认识和理解领导干部与社会民众关系的实质所在，行政人员是社会民众普遍利益、社会政治秩序的维护者，应当最大限度体现社会的公共价值，如自由、平等、公平、公共利益等。

### （三）健全完善收入分配制度，确保人民群众公平共享发展成果

科学合理的收入分配是确保广大人民群众共享经济社会发展成果的关键环节。

#### 1. 充分发挥市场在资源配置中的基础性决定作用

实现公平公正的初次分配。初次分配是在注重效率和公平的基础上更注重发展成果人人共享。当前我国仍处于社会主义初级阶段，实行按劳分配为主，多种分配方式并存的收入分配方式。全面深化改革中，仍存在承担与分享改革发展成果的不协调现象，少部分高收入群体、特殊利益群体等分享过多发展成果，而大部分低收入群体、贫困人口等弱势群体则承担了改革发展带来的附加生活成本。在社会资源有限的前提下，广大社会成员必须在机会平等的市场规

则、科学规范的市场经济秩序下公平竞争、占有和支配社会稀缺资源，并有效发挥市场的价格、供求、竞争机制，合理调整利益分配格局，促进社会资源在适度差别的范围内的合理分化和重组。

2. 加强政府缓解初次分配带来的收入差距，完善再分配制度

国家在宏观收入分配的基础上，通过调节过高收入实现利益的公平再分配，健全完善税收调节制度。这需要加强对专项税收的科学征收和合理管理，增强个人经济收入的透明度，建立健全个人财产申报制度和代扣代缴制度。我国目前的税收制度需加强对高收入阶层个人所得税的征收和管理力度，严厉打击和惩治高收入者偷税、漏税行为，增强对大多数中低收入者和低收入阶层的收入保护，并在兼顾效率与公平的基础上提高低收入者的工资水平。同时，加强垄断行业收入分配的审计与监督，提高利益分配的规范性。由于社会资源具有稀缺性和有限性，当强势利益群体占有某行业优质资源形成垄断后，获得高额利益，形成既得利益群体，而一部分贡献突出的社会成员则在垄断行业利益分配不均的情况下，产生利益相对剥夺感。因此，我国必须加强对垄断行业收入分配的审计和监督，科学规范和调控利益分配，防止垄断行业收入过分向个人、群体倾斜，扼制灰色收入或隐性收入，促进福利收入货币化和隐性收入显性化。

3. 充分发挥社会力量的第三次分配作用

积极动员社会力量参与利益协调，发展和完善慈善事业、民间捐助、社会救助等第三次分配的作用。由于高收入者的货币边际效应低于低收入者的货币边际效应，将高收入者的收入转移至低收入群体有利于幸福感、获得感的提升，增强共享发展的公平正义。

## （四）健全完善就业创业制度，扩宽人民群众共享发展的渠道

共享发展的共建共享特性要求增强人民群众在经济社会发展过程中的主体性地位，充分调动积极性、主动性和创造性，为共享发展提供更多更丰富的物质基础和经济总量。

### 1. 科学制定就业创业的技能培训体系，促进广大人民群众提升就业创业能力

培训机构的合理选择是健全完善培训技能体系的首要前提。涪陵区人力资源和社会保障局对各类职业技术教育、职业培训机构进行培训定点机构申报，根据“条件公开、自愿申请、公平竞争、合理布局、择优认定、社会公示”的基本原则，对培训机构审批实施更加严格规范的制度和工作流程，筛选出 17 家职业培训机构为全区广大劳动者提供科学高效的职业技能培训，有利于劳动者职业技能与市场需求紧密契合，进一步提高劳动者就业创业的成功率。

### 2. 充分发挥市场的积极作用，提供更多可选择的就业创业机会

首先，积极了解市场、产业、行业发展前景，实地调研了解企业的培训需求和用工需求，为广大劳动者提供针对性的、更高效的市场营销、家政服务、育婴师、餐饮服务、养老护理等技能培训。其次，结合社保平台对全区就业失业信息进行动态跟踪，并根据不同年龄段、工作需求、创业意愿等提供及时的就业创业培训。

### 3. 进一步普及广大劳动者就业创业的相关法律知识，维护合法权益

部分位于偏远山区的，知识文化水平较低、法律意识淡薄的劳动者在就业创业过程中，个人合法权益易受到侵害，导致共享发展

的机会和成果受到制约。如当前高发频发的劳资纠纷事件中，部分劳动者因法律知识匮乏、法律意识淡薄，导致合法权益受到不良侵害。因此，加强就业创业的法律知识培训迫在眉睫。

### （五）健全完善社会保障制度，筑牢人民群众共享发展的保障网

建构以发展成果人人共享为导向的社会保障有利于维护弱势群体的基本权益，是人民群众共享社会发展成果的基本要求。

1. 社会保障应遵循的主要原则

首先，坚持适度原则。以社会发展成果人人共享为价值导向，对五保户、低保户、贫困户等弱势群体进行社会保障，必须遵循适度的原则。一方面，我国正处于社会主义初级阶段，这部分贫困区域处于温饱向小康的发展阶段，应根据国情、世情、社情、党情的实际情况，遵循适度原则进行利益保障。另一方面，为贫困人口提供全方位利益保障，将衍生出大量“养懒汉”的现象，削弱贫困群体自我觉醒和自我发展的内生动力。其次，坚持“造血”原则。虽然“输血型”社会保障有利于维持贫困人口、五保户、低保户的基本生存权，但长时段的“输血”不仅增加了国家财政负担，也导致部分弱势群体对利益保障的福利依赖。最后，坚持循序渐进原则。社会保障需要根据经济发展水平、全面深化改革的进度、全面建成小康社会的规划蓝图采取渐进式社会保障的方法，按照区域、城乡分层次、分阶段逐步推进。因此，根据以上原则，社会保障应将“输血型”社会保障与“造血型”社会保障相结合，在加强偏远农村公共基础设施建设的同时，为其提供劳动技能培训，提升其市场参与和风险应对能力，增强其科学文化素质等软实力，提高弱势群体自我生存和发展的内生能力。

2. 加强兜底性社会保障

2015 年 11 月 27 日，习近平总书记在《中央扶贫开发工作会议上的讲话》中指出，“要统筹协调农村扶贫标准和农村低保标准，实现‘两线合一’，发挥低保线兜底作用。”2016 年 9 月 27 日，国务院办公厅转发了民政部、国务院扶贫办、中央农办、财政部、国家统计局、中国残联《关于做好农村最低生活保障制度与扶贫开发政策有效衔接的指导意见》，坚持“应扶尽扶、应保尽保、动态管理、资源统筹”等原则，通过农村低保制度与扶贫开发政策的政策衔接、对象衔接、标准衔接和管理衔接对符合低保标准的农村贫困人口实行政策性保障兜底，确保到 2020 年现行扶贫标准下农村贫困人口全部脱贫。首先，加强对贫困户、五保户、低保户等人口信息的动态化管理，通过社会保障、社会救济、社会福利等利益保障机制改善利益受损群体和弱势群体的生活状态，维护社会公平正义。值得强调的是，社会保障是维护好代表好实现好弱势群体的切身利益，而不是搞平均主义，在实施社会救济的同时，不能对弱势群体利益保障过度。其次，健全完善农村兜底性社会保障，将医疗保障、农村低保、贫困治理与利益保障相结合。如新型农村合作医疗和大病保险制度更多关注贫困人口，加大对贫困户、五保户、低保户的医疗救助力度。《中共中央关于全面深化改革若干重大问题的决定》指出，“尽快制定农村最低生活保障制度与扶贫开发政策有效衔接的实施方案。”将贫困标准线和低保线“两线合一”，统筹扶贫资金与低保资金，对低保户、五保户，因灾、因伤、因残、因教致贫社会保障和救助实现全覆盖，确保社会弱势群体的生存权。

3. 将信息处理技术与数据挖掘技术相结合

建立和完善贫困户、五保户、低保户等信息的数据动态管理平台，为实现弱势群体档案的大数据、网络化动态管理提供数据支撑。

扶贫开发工作和农村低保制度是涉及诸多职能部门的一项系统性工程，二者之间若想有效衔接，必须与相关部门之间加强数据互通与信息共享。可见，信息衔接是确保二者有效运行与衔接的技术前提。因此，要统筹建立低保数据互通、资源共享的信息平台，构建人社、财政、民政、卫生计生、扶贫等部门的信息共享机制，为实现社会救助和社会保障网络互联互通、数据及时更新、信息资源共享、动态实时监测夯实基础。在此基础上，我们还应对贫困户、五保户、低保户每月定期走访、入户调查核实，及时采集、录入、更新弱势群体的基础数据，并按照分区（片区、区域）、分类（不同对象）、分级（贫困程度）进行差别化信息管理，建构科学的、及时更新的动态信息库，实现弱势群体的“进、退”动态对接，确保社会保障的精准性。

# 参考文献

[1]Paul Romer. Increasing returns and long-run growth [J]. Journal of Political Economy,1986, 94(5).

[2]Solow R. A contribution to the theory of economic growth[J]. Quarterly Journal of Economics,1956(70).

[3][英]海韦尔·G. 琼斯. 现代经济增长理论导引(中译本)[M]. 上海:商务印书馆, 1999.

[4]邹刚. 现代经济学前沿专题——增长理论新进展(第二集)[M]. 北京:商务印书馆,1996.

[5]道格拉斯·C. 斯诺. 经济史中结构与变迁(中译本)[M]. 上海:上海三联出版社,1991.

[6][美]查尔斯·P. 金德尔伯格,布鲁斯·赫里克. 经济发展(中译本)[M]. 上海:上海译文出版社,1986.

[7]高鸿业. 西方经济学(宏观部分)[M]. 北京:中国经济出版社,2003.

[8]吴海明. 现代经济增长理论评述[J]. 科技论文在线,2009(3).

[9]杨依山. 经济增长理论的成长[D]. 山东大学,2008(4).

[10]王晓,单良. 现代经济增长理论的演进[J]. 价值工程,2006(5).

[11]张建华,刘仁军. 保罗·罗默对新增长理论的贡献[J]. 经济学动态,2004(2).

[12]胡炳志,储诚忠.内生经济增长理论评述[J].经济评论,1997(5).

[13]林兆木.关于我国经济高质量发展的几点认识[N].人民日报,2018-01-07.

[14]王军.准确把握高质量发展的六大内涵[N].证券日报,2017-12-23.

[15]张占斌.推动高质量发展要完善四大体系建设[N].经济日报,2018-01-18.

[16]李伟.高质量发展要处理好五个关系[N].经济日报,2018-02-22.

[17]冯俏彬.我国经济高质量发展的五大特征与五大途径[J].中国党政干部论坛,2018(1).

[18]王一鸣.中国经济高质量发展面临的十大问题[EB/OL].https://wallstreetcn.com/articles/3238077.

[19]人民日报社论.牢牢把握高质量发展这个根本要求[EB/OL].http://www.xinhuanet.com/politics/2017-12/20/c_1122142659.htm.

[20]刘伟.中国经济高质量发展并非不要速度[EB/OL].http://news.163.com/18/0305/18/DC5E35OM00018AOP.html.

# 后 记

《涪陵实现高质量发展的对策研究》是为了适应干部教育需要而出版的一本培训教材和理论著作。整个编辑工作在编委会的直接领导下进行，由中共重庆市涪陵区委党校常务副校长王载铭、副校长颜晓梅、区情研究室主任倪春华任主编，负责设计全书体系框架、拟定编写提纲和统稿定稿。

各章的作者是：第一章，倪春华；第二章，向思洁；第三章，洪业应；第四章，汪永忠；第五章，张李娟；第六章，向鑫。

《涪陵实现高质量发展的对策研究》的出版，是各位理论工作者付出了辛勤劳动的结果。同时，在创作中我们也借鉴和参考了许多专家学者的研究成果和相关资料，在此一并致以真诚的谢意。鉴于我们水平有限，加之时间仓促，难免存在遗漏或错误，敬请读者批评指正。

编委会

2019 年 5 月